# Das große Kürbis Kochbuch

58 schmackhafte Rezeptideen
und Wissenswertes rund um den Kürbis
von Walburga Loock

LV·Buch

**Schon seit Jahren** drängen mich meine Kunden, mein Wissen in Sachen Kürbis doch endlich in einem eigenen Buch niederzuschreiben. Meine Kunden – ob nun Spitzenköche aus der Grande Cuisine oder Menschen, die ihre Kindheit in osteuropäischen Ländern verbracht oder die kulinarische Seite des Kürbisses bei einem Auslandsaufenthalt kennengelernt haben: Sie alle haben dazu beigetragen, dass ich mein Wissen über den Kürbis ständig erweitern konnte. So wurden mir wunderbare traditionelle Kürbisrezepte mitgebracht, die sich so auf keiner Internetseite finden. Ich erfuhr, dass getrocknete Flaschenkürbisse im ehemaligen Jugoslawien als Weinheber fungierten oder, aneinandergehängt, zum Schwimmgürtel wurden. Ich lernte, dass Halloween ursprünglich ein europäisches Fest war, das in die USA auswandernde Iren mit in ihre neue Heimat nahmen.

Nun, heute ist Kürbis „Kult". Vorbei sind die Zeiten, als in einer österreichischen Schule der Lateinlehrer einer Freundin einen Kürbis auf seinem Pult platzierte, um seinen Schülern zu signalisieren: „Ihr seid so dumm ois wia a Blunser!"

Walburga
Loock

Walburga Loock, Jahrgang 1958, ist im ersten Beruf Gymnasiallehrerin für Französisch und Katholische Religion. Nach mehrjähriger Lehrtätigkeit absolvierte sie eine Ausbildung zur ländlichen Hauswirtschafterin, 1991 wurde sie Meisterin des Faches. Seit dieser Zeit ist sie Bäuerin in Sickertshofen bei Dachau und startete dort ihre erfolgreiche Kürbiszucht, mit der sie heute die Spitzengastronomie der Bundesrepublik beliefert. 2008 wurde sie als „Unternehmerin des Jahres" in der Landwirtschaft durch das Bayerische Staatsministerium ausgezeichnet. Walburga Loock ist verheiratet und hat drei erwachsene Kinder.

Kürbis war während des Zweiten Weltkrieges das einzige Lebensmittel, das es ohne Lebensmittelkarte gab. Kein Wunder also, dass der Kürbis lange Zeit ein so kümmerliches Schattendasein fristete. Ich selbst denke mit sehr gemischten Gefühlen an das Kürbiskompott, das in meiner Kindheit einen festen Platz im mütterlichen Speiseplan innehatte. Allerdings faszinierte mich damals schon die Frucht an sich – ich sehe die prallen Schwergewichte noch heute vor mir, wie sie unter gigantischen Blättern hervorlugten und trotz ihrer Leibesfülle den Zaun unseres Bauerngartens eroberten. Auch erinnere ich mich gut an die Keramikschale im Hausflur, die, mit für damalige Verhältnisse prächtigen gelbgrünen Zierkürbissen bestückt, Farbe in die kalten Wintertage brachte.

Später, als Studentin, ermunterte ich meine Mutter, die farbenfrohe Herbstdekoration doch wieder anzubauen. Ihre Antwort verblüffte mich: Da könne man kein Saatgut mehr finden. Das erschien mir – zu Beginn der achtziger Jahre des 20. Jahrhunderts – schon eigenartig. Doch tatsächlich: Als ich einige Jahre später für meine damals noch kleinen Kinder einen Kürbis schnitzen wollte, musste ich mich lange durchfragen, bis ich an einem nebligen Oktobernachmittag in einer entlegenen Gegend des Dachauer Hinterlandes auf einige Prachtexemplare der Sorte „Gelber Zentner" stieß.

Der Anfang war gemacht und eine Leidenschaft geboren: Die entnommenen Kerne wurden zum Saatgut für das darauffolgende Jahr, und seit dieser Zeit sammle ich im In- und Ausland Samen verschiedener Kürbissorten wie andere Leute Briefmarken …

Im Laufe meiner langjährigen Beschäftigung mit dem Kürbis hat mich immer wieder begeistert, in welchem Maße diese „Riesenbeere" eine schmackhafte gesunde Ernährung bereichert. In diesem Buch stelle ich Ihnen die verschiedensten Arten von Speisekürbissen vor und mit ihnen leicht zuzubereitende Rezepte, in denen sie die Hauptrolle spielen.

Beim Nachkochen wünsche ich Ihnen viel Vergnügen und ein gutes Gelingen.

# Vorwort

**Allgemeine Hinweise:**

Bei der Zubereitung der Gerichte wird grundsätzlich Pfeffer aus der Mühle und als Speiseöl – wenn nicht anders angegeben – Oliven-, Raps- oder Sonnenblumenöl verwendet. Wo nicht anders erwähnt, ist die Menge der Rezeptzutaten für vier Personen berechnet. Generell werden die Speisekürbisse vor der Zubereitung geschält und entkernt, es sei denn, es ist ausdrücklich anders beschrieben.

**Abkürzungen**

EL: Esslöffel
TL: Teelöffel
ml: Milliliter
l: Liter
Msp.: Messerspitze
Bd.: Bund
Stck.: Stück
g: Gramm

# Inhalt

# Rezeptverzeichnis
## nach Kapiteln

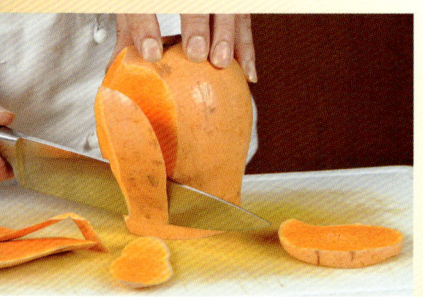

# Die Gattung der Cucurbitae: **Speisekürbisse**

Die Familie der *Cucurbitaceae*, der Kürbisgewächse, ist riesig. Sie umfasst 800 Arten, die ihrerseits in 120 Gattungen eingeteilt werden. Dazu zählen die große Vielfalt der Gurken und Melonen, der Kalebassen und vor allem die Gattung der Speisekürbisse, der *Cucurbitae*, die ich Ihnen in diesem Kürbiskochbuch nahebringen möchte.

Kürbisse sind einjährige, in der Regel rankende einhäusige Pflanzen. Mit Einhäusigkeit (Monözie) bezeichnet man in der Botanik bei Samenpflanzen das Vorhandensein von weiblichen und männlichen Blüten auf einer Pflanze. Man zählt die Kürbisse zu den Beerengewächsen, da ihre Samen dauerhaft frei im Fruchtfleisch liegen.

## Woher kommen die Cucurbitae?
## Ein kleiner Ausflug in die Geschichte.

Die *Cucurbitae* stammen ursprünglich aus subtropischen und tropischen Gebieten Mittel- und Südamerikas. In Höhlen fand man seinerzeit Abdrücke von Kürbiskernen, deren Alter man auf etwa 15.000 Jahre schätzt. Man geht davon aus, dass zunächst ausschließlich die öl- und eiweißhaltigen Samen der wild wachsenden Kürbisse verzehrt wurden, denn das Fruchtfleisch war in der Regel bitter und wenig genießbar.

Allmählich wurde der Kürbis kultiviert, und aus Zufallsmutationen oder Züchtungen entstanden über die Jahrhunderte hinweg die vielfältigsten Kürbissorten. Neben Mais und Bohnen war der Kürbis Hauptnahrungsmittel der Indianer Mittelamerikas. Viele Kürbisbezeichnungen wie *Tetsukabuto* oder *Hopy-Pumpkin* deuten noch darauf hin. So bedeutet *Squash*, die amerikanische Bezeichnung für Sommerkürbisse, in der Sprache der Indianer „roh essen".

Mais, Kürbis und Bohne bilden auch in der Natur eine „Interessengemeinschaft": So wächst die Maispflanze in die Höhe, und die

Speisekürbisse – farbenprächtig und schmackhaft

Gelber Zentner

Ungarischer Bratkürbis Bleu de Hongrie

(Stangen-)Bohne nutzt sie als Klettergerüst, das sie zum Licht trägt. Die Maiswurzeln beanspruchen wenig Platz, so dass sich das Geflecht der Kürbiswurzeln ausbreiten kann. Die Bohne wiederum ist Sammler von Stickstoff, den Mais und Kürbis nutzen können. Die Kürbispflanze schließlich beschattet den Boden und schützt ihn vor der ausdörrenden Sonne. Man spricht von der „aztekischen Trilogie".

Nach Europa gelangte der Kürbis erst durch Christoph Kolumbus. In Südeuropa fand er bald eine Heimat. Besonders die schmackhaften wärmeliebenden Sorten konnten gut ausreifen und fanden rasch anhaltenden Eingang in die europäische Küche. Bezeichnungen wie zum Beispiel **Muscade de Provence, Trombolino** oder **Marina di Chioggia** zeugen davon.

In Deutschland schaffte es zunächst nur die *Cucurbita maxima*, der Riesenkürbis – genauer: der **Gelbe** und **Rote Zentner,** zu einiger Beliebtheit. Diese schweren, aber geschmacksarmen Sorten waren während des Zweiten Weltkrieges die einzigen Lebensmittel, die man auch ohne Lebensmittelkarte erstehen konnte.

### Gelber Zentner

In einer Zeit ohne Gefriertechnik war dieser verhältnismäßig lange haltbare Winterkürbis bedeutender Bestandteil in der Ernährung der – meist großen – Familien. Monatelang waren einige wenige Kürbisvariationen wie Kürbiskompott und Kürbis süß-sauer die

raren Abwechslungsmöglichkeiten auf dem kargen Speisezettel der Kriegszeit. Daher könnte die Abneigung herrühren, die gerade viele ältere Menschen gegenüber dem Kürbis lange hegten.

Andere hingegen, die ihre Kindheit in wärmeren Zonen Südosteuropas verbrachten, geraten schier in Verzückung, wenn sie in ihrer neuen Heimat auf **Bleu de Hongrie**, den Ungarischen Bratkürbis, oder andere festfleischige graue Sorten stoßen, aus denen ihre Mütter in der Kindheit wunderbar schmackhafte Kürbisstrudel oder einen Bratkürbis zubereiteten.

In der neueren Zeit haben sich japanische Züchter große Verdienste um den Kürbis erworben. Sie legten nicht nur großen Wert auf ausgezeichneten Geschmack, sondern züchteten vor allem Kürbisse für die Kleinfamilie oder den Singlehaushalt (**Hokkaido, Myako** oder **Mikoshi**).

Überall auf der Welt galt der Kürbis jedoch als Symbol der Fruchtbarkeit, wohl aufgrund seiner oftmals unzähligen Kerne.

### Die für die Ernährung bedeutenden Kürbisarten

1. Cucurbita maxima: Riesenkürbis (Winterkürbis)
2. Cucurbita pepo: Gartenkürbis (Sommerkürbis)
3. Cucurbita moschata: Muskatkürbis (Moschuskürbis)
4. Cucurbita ficifolia: Feigenblattkürbis
5. Cucurbita aryrosperma oder mixta: Ayoten

# Speisekürbisse

Kennzeichen aller Riesenkürbisse: runder korkiger Stiel und gerundete Blätter.

# 1. Cucurbita maxima:
# Der Riesenkürbis

Ursprungsanbaugebiet: Peru, Argentinien, Bolivien
Merkmale: korkiger, weicher Stiel, im Querschnitt rund; leicht gerundete Blätter.

Die verschiedenen Sorten der Riesenkürbisse bieten eine immense Vielfalt bezüglich Farbe, Form und Größe. Kürbisse in den verschiedensten Grau- und Grünschattierungen sind ganz besonders schmackhaft, da sie überdurchschnittlich lange reifen.

**Brian's Grey**
**Gewicht:** 4–6 kg; **Fruchtfleisch:** fest, ockergelb; wie sämtliche graue Kürbisse von ausgezeichneter Qualität, **Lagerdauer:** 3–5 Monate; **Verwendung in der Küche:** zum Braten, Backen und Dünsten geeignet.

**Queensland Blue**
**Gewicht:** 2–4 kg; **Fruchtfleisch:** fest, gelb, feinkörnig, im Geschmack fein und nussig; **Lagerdauer:** 3–5 Monate; **Verwendung in der Küche:** zum Braten und Backen, für Gratins und Suppen.

**Black Hubbard**
**Gewicht:** 4-9 kg; **Fruchtfleisch:** fest, trocken, dunkelgelb bis orange; **Lagerdauer:** 3–5 Monate; **Verwendung in der Küche:** für Gnocchi, Risotto, Suppen, Püree.

**Jarrahdale**
**Gewicht:** 4–6 kg; **Fruchtfleisch:** fest, feinkörnig, gelb; **Lagerdauer:** 3–5 Monate; **Verwendung in der Küche:** für Suppen, Gratins, als Gemüse.

**Flat White Boer**
**Gewicht:** 5–10 kg; **Fruchtfleisch:** fest, orange, süß im Geschmack; **Lagerdauer:** 3–5 Monate; **Verwendung in der Küche:** zum Backen und Dünsten, für Gratins und Konfitüre.

**Blue Hubbard**
**Gewicht:** 6–10 kg; **Fruchtfleisch:** fest, feinkörnig, dunkelgelb, süß im Geschmack; **Lagerdauer:** 3–5 Monate; **Verwendung in der Küche:** für Suppen, Püree, Gnocchi und Aufläufe.

**Blue Ballet**
**Gewicht:** 2–3 kg; **Fruchtfleisch:** fest, feinkörnig, dunkelgelb, süß im Geschmack; **Lagerdauer:** 3–5 Monate; **Verwendung in der Küche:** für Gratins, Gnocchi, als Gemüse.

**Marina di Chioggia**
**Gewicht:** 6–8 kg; **Fruchtfleisch:** fest, dick, ockergelb bis orange, nussig im Geschmack; **Lagerdauer:** 3–5 Monate; **Verwendung in der Küche:** für Gnocchi, Suppen, Aufläufe, Gratins, Risotto, zum Backen.

**Imperial Delight**
**Gewicht:** 4–6 kg; **Fruchtfleisch:** gelb, fest, feinkörnig, nussig im Geschmack; **Lagerdauer:** 3–5 Monate; **Verwendung in der Küche:** für Gemüse, Gratins, zum Braten, Dünsten und Backen.

**Delica (Mikoshi)**
**Gewicht:** 1,5–2 kg; **Fruchtfleisch:** fest, ockergelb, süß, Marroni-Aroma; **Lagerdauer:** 6–7 Monate; **Verwendung in der Küche:** als Rohkost, zum Braten, Dünsten und Backen.

**Buttercup**
**Gewicht:** 1,5–2 kg; **Fruchtfleisch:** fest, orange, Marroni-Aroma; **Lagerdauer:** 6–7 Monate; **Verwendung in der Küche:** als Rohkost, zum Füllen, Dünsten, Backen und Braten.

**Blue Banana**
**Gewicht:** 5–15 kg; **Fruchtfleisch:** fest, trocken, ockergelb, süß; **Lagerdauer:** 3–4 Monate; **Verwendung in der Küche:** für Püree, Gnocchi, Suppen, als Gemüse, für Kuchen und Konfitüre.

**North Georgia**
**Gewicht:** 3–5 kg; **Fruchtfleisch:** fest, gelb, nussig im Aroma; **Lagerdauer:** 2–3 Monate; **Verwendung in der Küche:** für Gnocchi, Suppen, Gratins, Püree.

**Iron Bark**
**Gewicht:** 3–5 kg; **Fruchtfleisch:** fest, ockergelb, Haselnuss-Aroma; **Lagerdauer:** 4–6 Monate; **Verwendung in der Küche:** zum Backen und Braten, für Gratins.

**Red Hubbard**
**Gewicht:** 2–4 kg, **Fruchtfleisch:** fest, feinkörnig, trocken, dunkelgelb, süß im Geschmack; **Lagerdauer:** 3–5 Monate; **Verwendung in der Küche:** für Suppen, Gnocchi, Püree, Gratins.

**Lumina**
**Gewicht:** 4–6 kg, **Fruchtfleisch:** feinkörnig, dunkelorange, süß, Marroni-Aroma; **Lagerdauer:** 3–4 Monate; **Verwendung in der Küche:** als Rohkost, zum Braten und Backen.

**Hokkaido**
**Gewicht:** 1–2 kg; **Fruchtfleisch:** mehlig; trocken, feinkörnig, gelb-orange; **Lagerdauer:** 4–5 Monate; **Verwendung in der Küche:** für Suppen, Gnocchi, Püree. (Der Hokkaido wird mitsamt Schale gegart.)

**Roter Zentner (Mitte)**
**Gewicht:** 8–15kg, **Fruchtfleisch:** gelb, wässrig, geschmacksneutral; **Lagerdauer:** 1–2 Monate; **Verwendung in der Küche:** für Suppen und Eingemachtes. Nimmt Gewürze gut an (dasselbe gilt für den Gelben Zentner).

**Pink Banana**
**Gewicht:** 5–20 kg; **Fruchtfleisch:** fest, dunkelgelb, süß im Geschmack; **Lagerdauer:** 3–4 Monate; **Verwendung in der Küche:** für Gnocchi, Püree, Gratins, Suppen, als Gemüse und für Konfitüre.

**Galeux d'Eysines**
**Gewicht:** 3–7 kg; **Fruchtfleisch:** saftig, gelb, neutral im Geschmack; **Lagerdauer:** 1–2 Monate; **Verwendung in der Küche:** für Suppen und Eingemachtes.

**Bischofsmütze/Türkischer Turban**
**Gewicht:** 1–5 kg; **Fruchtfleisch:** fest, hellgelb bis orange; **Lagerdauer:** 2–3 Monate; **Verwendung in der Küche:** zum Backen und Füllen.

Kennzeichen aller Gartenkürbisse:
Stiel im Querschnitt sternenförmig,
hartkantig, behält grüne Farbe…

… die Blätter sind deutlich
5-lappig

# Der Gartenkürbis

Ursprungsanbaugebiet: Nord-Mexiko, östliches Nordamerika;
Merkmale: hartkantiger Stiel, im Querschnitt sternenförmig;
5-lappige Blätter.

Die Gartenkürbissorte, die schon seit den sechziger Jahren ihren Einzug in hiesige Breiten genommen hat, ist die Zucchini. Die Bezeichnung „Zucchini" stammt ab vom italienischen Wort „zucca" für Kürbis. Ebenfalls zu den Gartenkürbissen zählen die Rondini, die runden Zucchini sowie die Pâtissons. Zucchini, Rondini und Pâtissons sollten regelmäßig geerntet werden. Die Pflanze wird dadurch angeregt, laufend neue Früchte zu produzieren. Junge Früchte werden ungeschält und mit Kernhaus verarbeitet. Sie schmecken dann besonders zart.

Zu den bekanntesten Gartenkürbissen zählen neben den Zierkürbissen und dem steirischen Ölkürbis die orangefarbigen Halloweenkürbisse*.

*Diese sollten Sie eher nicht in der Küche verwenden:
Das Fruchtfleisch ist generell blassgelb, faserig und sehr geschmacksarm. Sie eignen sich jedoch vorzüglich zum Schnitzen:
Der Kürbis ist bis auf zwei cm Fruchtfleisch und
den an einigen Fasern hängenden Kernen fast hohl
und somit schnell ausgehöhlt.

**Pâtisson (Ufo)**
**Gewicht:** 50–100 g, **Fruchtfleisch:** fest, dick, gelblich, wässrig; **Lagerdauer:** 1 Woche (unreif); 6 Monate (ausgereift); **Verwendung in der Küche:** roh für Salate, zum Frittieren, Backen, Füllen und Einmachen (wie Zucchini).

**Guïcoy**
**Gewicht:** 300–800 g; **Fruchtfleisch:** fest, ockergelb; **Lagerdauer:** 3–4 Monate; **Verwendung in der Küche:** zum Backen oder Füllen.

**Gem Squash\***
**Gewicht:** 80–100 g; **Fruchtfleisch:** fest, zartgelb bis orange, nussig im Aroma; **Lagerdauer:** 5–6 Monate; **Verwendung in der Küche:** zum Füllen, für Suppen und Püree.

**Mandarin**
**Gewicht:** 60–100 g, **Fruchtfleisch:** hellgelb, süß; **Lagerdauer:** 5–6 Monate; **Verwendung in der Küche:** ideal zum Füllen oder Frittieren (in feinen Scheiben auf Salat).

15

\*Oft werden Gem Squashes fälschlicherweise als Rondini bezeichnet. Rondini sind jedoch runde Zucchini in gelb oder grün, die ebenso wie diese im unreifen Stadium verzehrt werden.

**Sweet Dumpling**
**Gewicht:** 100–120g; **Fruchtfleisch:** fest, lachsfarben, süß, feines Marroni-/Kastanienaroma; **Lagerdauer:** 4–6 Monate; **Verwendung in der Küche:** für Gratins, Aufläufe, zum Füllen oder als Rohkost.

**Tonda Pandana**
**Gewicht:** 2–4 kg; **Fruchtfleisch:** dick, gelb, intensives Marroni-Aroma; **Lagerdauer:** 4–6 Monate; **Verwendung in der Küche:** für Suppen, zum Braten oder Backen.

**\*Acorn Golden Harvest (li.), Table Queen Acorn (re.)**
**Gewicht:** 200–250 g; **Fruchtfleisch:** cremefarben bis orange, süß, Haselnussaroma, **Lagerdauer:** 4–6 Monate; **Verwendung in der Küche:** zum Backen oder Füllen.

**Acorn Cream oft the Crop**
**Gewicht:** 200–250 g, **Fruchtfleisch:** cremefarben, Haselnussaroma; **Lagerdauer:** 4–6 Monate; **Verwendung in der Küche:** zum Backen oder Füllen.

\*Acorns sind Eichelkürbisse, die ihrerseits viele verschiedene Sorten aufweisen.

**Kamo-Kamo**
**Gewicht:** 1 kg; **Fruchtfleisch:** hellgelb bis gelb, feines Marroni-Aroma; **Lagerdauer:** 4–6 Monate; **Verwendung in der Küche:** zum Backen oder Füllen, für Suppen. Auch als Zierkürbis sehr dekorativ.

**Chamäleon**
**Gewicht:** 150–200 g; **Fruchtfleisch:** fest, süß, hellockergelb, feines Marroni-Aroma; **Lagerdauer:** 4–6 Monate; **Verwendung in der Küche:** als Rohkost, zum Backen oder Füllen.

**Spaghettikürbis Tivoli**
**Gewicht:** 1-2 kg, **Fruchtfleisch:** Spaghetti ähnliche Fasern, nussiges Aroma; **Lagerdauer:** 1–2 Monate; **Verwendung in der Küche:** im Ganzen kochen, Kerne entfernen, Fruchtfleisch auslösen, wie Spaghetti zubereiten (siehe Rezeptteil).

**Spaghettikürbis Lungo Bianco**
**Gewicht:** 2–5 kg; **Fruchtfleisch:** zerfällt nach dem Garen in Fasern – wie Spaghetti; nussig im Geschmack; **Lagerdauer:** 3–4 Wochen; **Verwendung in der Küche:** Wird im Wasserbad im Backofen gegart (siehe Rezeptteil).

17

...ihre Blätter ähneln dem Weinlaub
(Abb. Trombolino)

## 3. Cucurbita moschata:
# Der Moschuskürbis

Ursprungsanbaugebiet: Peru, Neu-Mexiko
Merkmale: weichkantiger, dünner Stiel, im Querschnitt leicht eckig,
an der Basis deutlich 5-eckig verbreitert; Blätter: gerundet

Ihr Name ist Programm. In reifem Zustand duftet das Fruchtfleisch der Moschuskürbisse schwach nach Moschus. Allerdings sind Moschuskürbisse nicht ganz so farbenprächtig wie ihre „Gattungskollegen", die Riesen- und Gartenkürbisse. Moschuskürbisse weisen, wenn sie ausgereift sind, eine beige oder braune Farbe auf. Auch in der Sortenvielfalt können sie mit den Riesen- und Gartenkürbissen nicht konkurrieren. Das Fruchtfleisch der Moschuskürbisse ist jedoch zart, saftig und reich an Karoten.

**Muscade de Provence**
**Gewicht:** 7-40 kg; **Fruchtfleisch:** dick, fest, leuchtend orange, saftig, fruchtig-aromatisch; **Lagerdauer:** bis 10 Monate; **Verwendung in der Küche:** für jede Zubereitung geeignet, ideal für Suppen (ausgehöhlt als Suppenschüssel) und zur Herstellung von Konfitüre.

**Futsu black rinded**
(später, in reifem Zustand, hellbraun)
**Gewicht:** 0,5–1 kg; **Fruchtfleisch:** fest, feinkörnig, gelb, nussiges Aroma; **Lagerdauer:** bis 10 Monate; **Verwendung in der Küche:** für Pies, Kuchen und Süßspeisen, zum Braten und Überbacken

**Butternut**
**Gewicht:** 1,5–4 kg; **Fruchtfleisch:** fest, hell-orange, nussiges Aroma; Kerne befinden sich im „Kopf", deshalb hoher Fruchtfleischanteil; **Lagerdauer:** bis 10 Monate; **Verwendung in der Küche:** zum Braten, Backen und Dünsten, für Püree, Suppen und Pies, zur Herstellung von Konfitüre, roh für Salate und asiatische Gerichte.

**Trompeta**
**Gewicht:** 4–6 kg; **Fruchtfleisch:** fest, lachsrosa, nussiges Aroma; **Lagerdauer:** bis 10 Monate; **Verwendung in der Küche:** Zubereitung wie Butternut (s. Rezeptteil)

**Trombolino d'Albenga**
**Gewicht:** 1–4 kg; **Fruchtfleisch:** fest, fruchtig, gelblich-orange, nussiger Geschmack. **Lagerdauer:** bis 10 Monate; **Verwendung in der Küche:** Gratins, Suppen, Backwaren, Desserts und zur Herstellung von Konfitüre. Die Form des Trombolino lädt geradezu dazu ein, ihn geschält in Scheiben zu schneiden und anschließend zu braten oder für einen Gratin zu verwenden.

# 4. Cucurbita ficifolia:
# Der Feigenblattkürbis

Ursprungsanbaugebiet: die Hochtäler der Anden –
von Mexiko bis Chile. Der Feigenblattkürbis erreichte
Europa als Futter für Elefanten, die per Schiff von
Thailand zum Pariser Zoo verfrachtet wurden.
Merkmale: dünner, 5-kantiger Stiel; Blätter ähneln stark dem
des Feigenstrauchs; die schwarzen Kerne sind im faserigen
weißen Fruchtfleisch verstreut.

Bei den Feigenblattkürbissen gibt es nur zwei Sorten:
grün marmoriert und weiß.
Der Feigenblattkürbis ist eine stark rankende Pflanze,
die bei uns vor allem als  Veredelungsunterlage
für Gurken dient, da seine Wurzeln gegen
Bodenpilze der Gruppe Fusarium resistent sind.

**Feigenblattkürbis**
Gewicht: 2-5 kg;
Fruchtfleisch: weiß, sehr faserig, extrem süß.
Lagerdauer: bis zu 2 Jahren;
Verwendung in der Küche: für Fruchtsalat,
als Salatbeilage und zur Herstellung
der Engelshaarkonfitüre (siehe Rezeptteil)

# 5. Cucurbita argyrosperma:
# Die Ayoten

Ursprungsanbaugebiet / Heimat: Guatemala, Mexiko
Merkmale: Ayote sind sehr wärmebedürftig, so dass sie
in unseren Breiten nur selten zur Reife gelangen.
Sie werden weniger wegen des mäßig schmeckenden
Fruchtfleisches angebaut, sondern vielmehr wegen der
besonders köstlichen Kerne.
Sorten: Es gibt lediglich 3 Arten,
die zu dieser Gruppe gehören: zwei sind
in ihrer äußeren Ausprägung keulenförmig,
eine Dritte ist rund und gestreift.

**Ayote Pepita: rund und gestreift.**
**Lagerdauer: 4–5 Monate.**

# Anbau

### Platzbedarf

Kürbispflanzen brauchen Platz. Rankende Pflanzen benötigen mindestens vier Quadratmeter, nicht rankende, wie beispielsweise die Zucchini oder Rondini, geben sich mit einem Quadratmeter zufrieden. Kann man ihnen den notwendigen Platz nicht zur Verfügung stellen, ist ein Gerüst als Rankhilfe eine gute Alternative. Sind diese Bedingungen gegeben, können sich Blattwerk und Wurzeln optimal entwickeln, und der Schritt zu einer guten Ernte ist gemacht. Um einen guten Ertrag zu garantieren, sollte man darüber hinaus mindestens zwei Pflanzen derselben Sorte anbauen.

### Standort

Kürbisse lieben humusreichen durchlässigen Boden und, wie ihre Herkunft aus warmen Ländern schon vermuten lässt, einen sonnigen, windgeschützten Standort. Im Halbschatten oder Schatten verkümmern sie, produzieren vor allem Blüten und Blätter und setzen kaum oder gar keine Früchte an.

### Boden

Kürbispflanzen fühlen sich in humusreicher Erde am wohlsten. Allerdings ist ein Komposthaufen als Pflanzstelle oft zu humusreich, so dass die Pflanze zu sehr „ins Kraut schießt" und zu spät Früchte ansetzt, die dann möglicherweise nicht mehr zum Ausreifen kommen. In die-

**Kürbisfeld im Juli**

Anbau

sem Fall ist es sinnvoll, den Komposthaufen mit einer Lage Erde zu mischen bzw. die Pflanzen seitlich zu setzen.

## Aussaat

Ab Mitte April sät man die Samen in Töpfchen und stellt sie an die Fensterbank oder ins Gewächshaus. Ab Anfang Mai kann man aber ebenso gut direkt ins Freiland säen. Dabei sollte das Saatbeet im Vorfeld mit Kompost, Mist, Gesteinsmehl oder Hornspänen angereichert werden.

Im Topf vorgezogene Pflänzchen (zwei Keimblätter, zwei Blätter) setzt man nach den Eisheiligen (Mitte Mai) ins Freie. Wichtig ist es, vor dem Auspflanzen den Wurzelbereich gut anzugießen. So ist sichergestellt, dass auch alle Wurzeln unbeschadet das Umpflanzen überleben. Das Umpflanzen – also Standort- und Tempera-

turwechsel – an sich sorgt ohnehin schon für Stress, der bei direkter Saat ins Freiland natürlich vermieden wird. Die Keimzeit im Freien dauert etwa 12 Tage. Bei drohendem Nachtfrost müssen die Pflanzen – ob im Topf vorgezogen oder nicht – mit Vlies geschützt werden. In klimatisch ungünstigen Lagen sollte man für eine frühere Ernte sorgen: Man legt den Samen eine Nacht ins Wasser, setzt die vorgezogenen Pflänzchen auf schwarze durchlässige Folie und schützt sie bis zur Blüte mit Vlies. Eine Folie hält zusätzlich Unkraut von der Pflanzstelle fern, und die Frucht braucht später nicht von Erde befreit zu werden.

## Pflanzenpflege

Im Anfangsstadium sollte man regelmäßig mit einem geeigneten Gartengerät Unkraut jäten. Bei größeren Pflanzen sollte das Un-

Frisch geschlüpfter Keimling

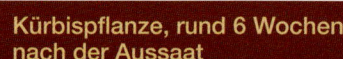

Kürbispflanze, rund 6 Wochen nach der Aussaat

Kürbis, auf Folie gezogen
Achtung: Kürbissetzlinge erfreuen sich bei Schnecken höchster Beliebtheit!

kraut von Hand entfernt werden, um die flachen Wurzeln zu schützen. Wässern ist nur im Gewächshaus notwendig, im Freien ist der Sommerregen völlig ausreichend. Beim Wässern sollte man unbedingt darauf achten, immer am Wurzelstock zu gießen. Keinesfalls die Blätter benetzen, dort kann sich sonst ein Pilz bilden. Zur sorgsamen Kürbispflanzenpflege empfiehlt sich auch, eine regelmäßige Schneckenkontrolle durchzuführen.

## Schädlinge

Der für Kürbispflanzen bedeutendste Schädling, der zu befürchten ist, ist die Schnecke. Falls Sie kein Freund von Schneckenkorn sind, so streuen Sie rund um die Pflanze Asche oder Sägespäne. (Bitte nach Regen erneut ausstreuen!)
Eine weitere Alternative in Sachen „Schneckenabwehr" sind Brett-

chen, die Sie auslegen. Darunter halten sich Schnecken sehr gern auf. Dann können Sie diese dort ganz einfach aufsammeln.
Auch Mäuse wissen den Geschmack der Kürbisse zu schätzen. Vielleicht borgen Sie sich gelegentlich Nachbars Katze aus? Deren Anwesenheit wirkt oft wahre Wunder …

## Vom Keimling zur Frucht

Je nach Sorte und natürlich abhängig von den herrschenden klimatischen Verhältnissen dauert die Reifezeit des Kürbisses von der Aussaat bis zur Ernte 60 bis 150 Tage. Etwa 4 Wochen nach dem Keimen beginnt die Pflanze zu blühen. Kürbisse sind einhäusige Pflanzen, das heißt, sie tragen weibliche und männliche Blüten auf ein und derselben Pflanze. Die langstieligen männlichen Blüten erscheinen zuerst, einige Tage danach folgen ihnen die

Die langstieligen männlichen Kürbisblüten überragen das Blätterdach und sind dadurch gut erkennbar.

Weibliche Blüte eines Zierkürbisses

Türkischer Turban: rechte Frucht unreif, linke Frucht fast reif.

Anbau

weiblichen Blüten. Letztere sind kurzstielig und tragen an ihrer Basis einen Fruchtknoten, der bereits die endgültige Form der jeweiligen Sorte aufweist.

Sobald sommerliche Temperaturen herrschen, sind die Insekten aktiv, und die Bestäubung / Befruchtung kann erfolgen. Während einer Schlechtwetterperiode werden die Kürbisse nicht oder nur ungenügend befruchtet, so dass die kleinen Früchte absterben. Bei Gewächshausanbau oder bei anhaltend regnerischem Wetter sollte eine künstliche Bestäubung mit dem Pinsel erfolgen.

### Reife

Sommerkürbisse wie Zucchini, Rondini oder Pâtissons erntet man bereits nach ca. 60 Tagen. Sie sind dann im botanischen Sinn noch „unreif": Die Früchte sind klein, Kerne und Schale weich.

Winterkürbisse brauchen etwa neun Wochen, bis sie ihre endgültige Größe erreicht haben. Die Schale wird fest und nimmt allmählich ihre endgültige Farbe an. Die Reifezeit selbst kann sich noch Monate hinziehen: Das Fruchtfleisch braucht seine Zeit, um Farbe und Aroma anzunehmen, auch die Kerne müssen sich ausbilden. Besonders von Bedeutung ist dies beim Steirischen Ölkürbis, der schließlich nur seiner Samen wegen angebaut wird.

Generell ist zu sagen, dass Winter- und Sommerkürbisse sich in der Reifezeit unterscheiden. Auch ist die Reifezeit abhängig von der jeweiligen Sorte. Es gibt jedoch einige Indizien für die Kürbisreife, nämlich: eine harte Schale, ein ausgereifter Stielansatz, fest und trocken, ein hohler Klang beim Klopfen und die Farbprägung. Allerdings sind diese Faktoren nur bedingt verlässlich.

Ein Klopfen auf die Frucht ist nur sinnvoll bei hohlen Kürbissen, wo

Muskatkürbis Longue de Nice in der Übergangsfarbe von grün nach beige.

Die Blätter der Pflanze sterben ab; die Kürbisse können in der Herbstsonne nachreifen.

sich die Samen an einem lockeren Netz im Hohlraum befinden. Das ist nur bei wenigen Kürbissen der Fall, so beim klassischen Halloweenkürbis oder beim Roten und Gelben Zentner. Diese Kürbisse erkennt man jedoch in der Regel ohnehin gleich an ihrer markanten Farbe. Festfleischige Speisekürbisse, deren Kerne fest zusammengeballt im Inneren liegen, werden keinen dumpfen Klang hören lassen. Muskatkürbisse können unausgereift (grün) geerntet werden, allerdings nur, wenn sich ihre Schale absolut trocken anfühlt. Dann reifen sie an einem warmen Ort nach und werden beige bzw. braun.

## Lagerung

Der **Lagerort** für Kürbisse muss frostfrei und trocken sein. Die Raumtemperatur sollte 18 °C nicht übersteigen, da die Kürbisse

**Speisekürbisse – prall und farbenprächtig.**

über ihre Schale an Feuchtigkeit verlieren und das Fruchtfleisch möglicherweise sonst sehr trocken oder schlimmstenfalls faserig wird. Unter keinen Umständen dürfen Kürbisse im feuchten Keller gelagert werden. Auch wenn alle Bedingungen für eine gelingende Lagerung gegeben sind: Man sollte in regelmäßigen Abständen „nach dem Rechten sehen". Ansonsten kann es passieren, dass der ein oder andere Kürbis „schlappmacht" und unter Freigabe eines schrecklichen Duftes in sich zusammenfällt.

In Sachen **Lagerdauer** sind Kürbisse, wie bereits erwähnt, sehr unterschiedlich. Grundsätzlich gilt jedoch, dass sich nur vollkommen trockene Früchte für eine längere Zeit lagern lassen. Die Dauer der Lagerung ist abhängig von verschiedenen Faktoren: Kürbissorten mit sehr fester Schale lassen sich sehr lange lagern. So hält der Feigenblattkürbis wegen seiner lederartigen Schale bis zu zwei Jahren. Muskatkürbisse werden wegen ihrer sehr dichten, mit einer feinen Wachsschicht überzogenen Haut bis zu einem Jahr alt. Bis zu zehn Monaten halten die besonders festfleischigen Kürbissorten (alle grauen und weißen Kürbisse). Dabei gibt es zwar Exemplare mit dünner Haut, aber das feste Fruchtfleisch und die ausgesprochen dicht aneinanderliegenden Kerne lassen praktisch keine Keime durch.

Grundsätzlich müssen sie, falls man sie über Winter lagern will, vollkommen reif geerntet werden.

## Ernährungsphysiologie

Der Kürbis gilt in China als „Kaiser des Gartens" – zum einen bestimmt aufgrund der stattlichen Ausmaße, die die Pflanze anneh-

Anbau

men kann, zum anderen aufgrund der möglichen Größe der Früchte. Kaiserlich ist der Kürbis ganz bestimmt wegen seines nicht zu unterschätzenden ernährungsphysiologischen Wertes. Auch wenn nicht alle Kürbisse rund sind: In Sachen „gesunde „Ernährung" sind sie allemal eine runde Sache. Kürbisse sind kalorienarm (20 kcal / 100g) und ausgesprochen reich an Ballaststoffen. Besonders hervorzuheben ist der hohe Gehalt an **Vitamin A**. Von wissenschaftlicher Seite wird den orangefleischigen Kürbissen ein Vitamin-A-Gehalt zugeschrieben, der 12-mal so hoch ist wie der einer Karotte. Als hochwirksames Antioxidans hemmt Vitamin A die Bildung von Freien Radikalen und wirkt so der Zellbelastung sowie einem frühzeitigen Alterungsprozess entgegen. So spielt Vitamin A auch in der Tumorprävention eine nicht unwesentliche Rolle.

Kürbisse sind kaliumreich. **Kalium** ist unerlässlich bei der Synthese verschiedener Enzyme im Organismus, für die Reizübermittlung in den Nervenbahnen und für die Regulierung des Wasserhaushalts in den Zellen. Vitamine wie **Vitamin B1, B2** und **Vitamin C** sind in dieser gesunden Frucht ebenfalls enthalten.

Auch an Mineralstoffen hat der Kürbis einiges zu bieten: **Kalzium, Phosphor, Eisen und Natrium**.

## Kürbiskerne

Zwar ist eine gewisse Geschicklichkeit erforderlich, die harten Schalen zu knacken: aber die Mühe lohnt sich. Kürbiskerne sind generell zum Verzehr geeignet und gelten als gesunde Nahrungsergänzung wie auch als Heilmittel. Kürbiskerne verfügen über einen extrem hohen Gehalt (91 %) an **einfach** und **zweifach** ungesättigten Fettsäuren. Diese „essentiellen" Fettsäuren kann der Körper nicht selbst herstellen, benötigt sie aber für den Aufbau und Unterhalt der Zellwände. Des Weiteren enthalten Kürbiskerne: **Vitamin A, Vitamin B1, B2, Vitamin C, Vitamin E.** Auch in Sachen Mineralstoffe und Spurenelemente haben sie einiges zu bieten: **Chlor, Eisen, Jod, Fluor, Kalium, Kalzium, Kupfer, Magnesium, Mangan, Natrium, Phosphor, Selen, Schwefel und Zink.**

Die Samen vom Steirischen Ölkürbis sind dagegen – durch Mutation – schalenlos und zum Knabbern schnell zur Hand. Man genießt die Kürbiskerne naturbelassen oder geröstet in den Geschmacksvarianten salzig oder süß. Für ihre typisch grüne Farbe ist ein hoher Anteil an **Chlorophyll** und **Karotin** in der Samenhülle verantwortlich. In der Hauptsache wird der Ölkürbis natürlich zur Herstellung von Öl kultiviert.

## Kürbiskernöl

Für einen Liter Kürbiskernöl benötigt man die Kerne von 30 Exemplaren. Kaltgepresstes Öl entsteht, wenn die gewaschenen und getrockneten Kerne in der Ölmühle ohne Umschweife gemahlen werden. Kürbiskernöl ist hellgrün und enthält sämtliche Inhaltsstoffe der Kerne. Es ist reich an **mehrfach ungesättigten Fettsäuren** und auch bei zahlreichen Beschwerden als Heilmittel sehr geschätzt.

Das Steirische Kürbiskernöl dagegen ist dunkel, fast braun. Die Kerne werden vor dem Mahlen geröstet. Ein schonendes Röstverfahren erhält dem Öl seine vielen Inhaltsstoffe, die entstehenden Röststoffe sorgen für das ausgesprochen nussige Aroma.

## Kürbis und Kulinarik

Alle Speisekürbisse sind zum Verzehr geeignet, in ihrer Schmackhaftigkeit sind sie jedoch von unterschiedlicher Güte. Sommerkürbisse wie Zucchini, Rondini und Pâtissons schmecken im Allgemeinen, wie bereits erwähnt, nur im frühen Reifezustand. Winterkürbisse sind bei trockener Lagerung bis zu zehn Monaten haltbar. Das Fruchtfleisch der verschiedenen Arten unterscheidet sich hinsichtlich Farbe und Konsistenz: Es gibt mehlige, feste, faserige und saftige Sorten. Ähnlich wie bei mehligen und festfleischigen Kartoffeln auch, eignet sich die jeweilige Kürbissorte für

die unterschiedlichen Gerichte. Welche Bereicherung die enorme Vielfalt der „Riesenbeere" für die Küche bietet, zeigen Ihnen die folgenden Rezeptideen und kulinarischen Vorschläge.

Der Kürbis gehört einfach in die Küche: Er ist gesund, nahrhaft und schmeckt – auf vielfältige Art zubereitet – wunderbar. Für Suppen oder Beilagen, als Vorspeise, Hauptgericht oder auch als Dessert und Kuchen: Der Kürbis ist ein kulinarisches Highlight und sorgt für Abwechslung im Speisenplan.

Bestimmt ist bei den vielen, in diesem Kochbuch vorgestellten Rezeptideen auch für Sie etwas dabei. Ob Sie den Kürbis traditionell oder eher raffiniert zubereitet bevorzugen: Lassen Sie sich von seiner Geschmacksvielfalt überraschen. Ich garantiere Ihnen: Auch Sie werden zum „Kürbisfan".

Steirischer Ölkürbis (Lady Godiva)

Anbau

**Zutaten:**

1 Zwiebel, klein geschnitten

1 durchgepresste Knoblauchzehe

½ TL Ingwer, klein geschnitten

1 kg Kürbisfruchtfleisch, gewürfelt,
feste oder mehlige Sorte
*(z. B. Delica, Hokkaido, Muscade de Provence)*

3 EL Öl

800 ml Gemüsebrühe

Salz, Pfeffer

1 Lorbeerblatt

1 EL Zitronensaft

Schale 1 unbehandelten Orange,
in feinen Streifen

300 ml Milch

**Zubereitung:**

**1.** Zwiebel, Knoblauch und Ingwer
zusammen mit den Kürbiswürfeln
in Öl glasig dünsten, mit der Brühe
aufgießen und zum Kochen bringen.

**2.** Gewürze, Zitronensaft und Orangenschale hinzufügen und den Kürbis
weich köcheln.

**3.** Die Orangenschale und das Lorbeerblatt entfernen, die Suppe pürieren, die
Milch einrühren und noch einmal
erhitzen.

# Amerikanische Kürbissuppe

Amerikanische Kürbissuppe

## Zutaten:

1 Zwiebel, klein geschnitten

750 g Kürbisfruchtfleisch, gewürfelt
*(z. B. Gelber Zentner, Hokkaido, Hubbard, Pink Banana)*

3 EL Olivenöl

2 Karotten, gehobelt

1 TL Zucker

½ l Gemüsebrühe

¼ l trockener Weißwein

Salz, Pfeffer

1 Prise Currypulver

1 Msp. Muskatnuss

einige Spritzer Pfeffersauce

Saft 1/2 Zitrone

150 g Crème fraîche

1 EL Kürbiskerne, geröstet

## Zubereitung:

**1.** Die Zwiebel in Öl glasig dünsten. Den gewürfelten Kürbis, die Karottenspäne und Zucker hinzugeben und durch-dünsten.

**2.** Mit Brühe und Wein ablöschen und 15 Minuten auf kleiner Hitze köcheln lassen.

**3.** Pürieren und mit Salz, Pfeffer, Currypulver, Muskatnuss und der Pfeffersauce würzen. Anschließend abschmecken und Zitronensaft hinzugeben.

**4.** Crème fraîche unterheben, nach Belieben mit gerösteten Kürbiskernen bestreuen und servieren.

# Emsländer Kürbissuppe

Emsländer Kürbissuppe

## Zutaten

1 Kürbis, ca. 3 kg
*(z. B. kleiner Roter Zentner oder Delica)*

Salz, Pfeffer

2 Stangen Lauch, in feine Ringe geschnitten

2 EL Olivenöl

½ l Gemüsebrühe

200 g Sahne

250 g Bergkäse, grob gerieben

6 geröstete Weißbrotscheiben, gewürfelt

### Zubereitung:

**1.** Vom Kürbis den Deckel abschneiden, Fasern und Kerne mit einem Löffel entfernen.

**2.** Fruchtfleisch mit einem Messer vorsichtig herauslösen und in eine feuerfeste Form geben. Dann salzen und pfeffern, mit etwas Öl beträufeln und bei 180 °C auf mittlerer Schiene 20 Minuten im vorgeheizten Backofen garen.

**3.** Lauchringe in einer Pfanne mit etwas Öl glasig dünsten, zum gegarten Kürbisfleisch geben und zusammen mit der Brühe pürieren. Anschließend Sahne unterrühren.

**4.** Den ausgehöhlten Kürbis auf ein Backblech stellen und abwechselnd mit Käse, Brotwürfeln und Kürbissuppe füllen (mit Käseschicht abschließen).

**5.** Im Backofen bei 180 °C 20 Minuten gratinieren.

# Gratinierte Kürbissuppe

**Gratinierte Kürbissuppe**

**Zutaten:**

350 g Kürbisfruchtfleisch, gewürfelt
*(z. B. Blue Banana, Hokkaido,
Muscade de Provence)*

80 g Butter

3–4 EL Rotweinessig

1 TL Zucker

¾ l Gemüsebrühe

50 ml süße Sahne

Salz, Pfeffer

120 g Räucheraalfilet

1 TL Kürbiskernöl

1 EL frischer Dill
(ersatzweise Schnitt-
lauch)

**Zubereitung:**

**1.** Kürbiswürfel in Butter vorsichtig andünsten, mit dem Rotweinessig ablöschen und zuckern.

**2.** Brühe und Sahne hinzugeben und 20 Minuten köcheln lassen. Anschließend pürieren und mit Salz und Pfeffer abschmecken.

**3.** Aalfilets in vorgewärmte Teller geben und die kochend heiße Suppe darübergeben.

**4.** Das Kürbiskernöl vorsichtig darüberträufeln und mit einer Gabel verziehen.

**5.** Mit Dill oder Schnittlauch garnieren und servieren.

# Holsteiner Kürbissuppe

Holsteiner Kürbissuppe

## Zutaten:

½ Zwiebel, fein gewürfelt

50 g Butter

800 g Kürbisfruchtfleisch, gewürfelt
oder geraspelt
*(z. B. Hokkaido, Marina di Chioggia,
Türkischer Turban)*

Salz, Pfeffer

1,5 l Hühnerbrühe

1 Eigelb

1 Becher süße Sahne

4 EL geröstete Mandelblättchen

## Zubereitung:

**1.** Zwiebel bei schwacher Hitze in der Butter glasig dünsten.

**2.** Kürbisfruchtfleisch hinzugeben, durchdünsten, mit Salz und Pfeffer würzen.

**3.** Mit der Hühnerbrühe aufgießen und 20–30 Minuten kochen lassen.

**4.** Die Suppe pürieren, das Eigelb mit der Sahne legieren und unterziehen.

**5.** Beim Anrichten mit den Mandelblättchen garnieren und servieren.

# Italienische Kürbiscremesuppe

## Zutaten:

1 Stange Lauch

1 Kartoffel

100 g Knollensellerie

500 g Kürbisfruchtfleisch
*(z.B. Hokkaido, Muscade de Provence,
Roter Zentner)*

2 EL Öl

1 Karotte

750 ml Gemüsebrühe

Salz, Pfeffer, jeweils 1 TL

1 Msp. Muskat

Paprikapulver
(scharf oder edelsüß,
nach Belieben)

100 ml Sahne

½ Bd. frischer Dill

8–12 Garnelen
oder Flusskrebs-
schwänze
(nach Belieben)

## Zubereitung:

**1.** Lauch, Kartoffel, Karotte, Sellerie und das Kürbisfruchtfleisch in 1 cm große Stücke schneiden.

**2.** Den Lauch in Öl andünsten, dann das übrige Gemüse dazugeben und mit durchdünsten.

**3.** Mit der Brühe aufgießen, 15 Minuten weich kochen und anschließend pürieren.

**4.** Mit Salz, Pfeffer, Muskat und Paprikagewürz abschmecken und mit der Sahne verfeinern.

**5.** Nach Belieben mit gebratenen Garnelen oder Flusskrebsschwänzen garnieren und servieren.

# Kürbisgemüsecremesuppe

Kürbisgemüsecremesuppe

Suppen

## Zutaten:

2 EL Butter

1 Zwiebel, gewürfelt

1/4 Knollensellerie, gewürfelt

1 Kartoffel, gewürfelt

300 g Kürbis, gewürfelt
*(z. B. Gelber Zentner, Roter Zentner, Muscade de Provence)*

Salz, Pfeffer

¼ l Rinder- oder Hühnerbrühe

1 Spritzer Tabasco

1 EL Zitronensaft

1 Msp. Nelkenpulver

200 g Crème fraîche

1 kl. Bd. Kerbel

1 EL Kürbiskernöl

¼ geschlagener Rahm

1 EL Kürbiskerne, geröstet und gesalzen

## Zubereitung:

**1.** Butter im Topf zerlassen, Zwiebel-, Sellerie-, Kartoffel- und Kürbiswürfel in der zerlassenen Butter durchschwenken, dann salzen und pfeffern.

**2.** Mit Brühe aufgießen, 30 Minuten köcheln lassen und pürieren.

**3.** Dann Tabasco, Zitronensaft und Nelkenpulver hinzufügen und die Crème fraîche unterziehen.

**4.** Die Kerbelblättchen von den Stielen zupfen und gründlich waschen. Dann das Kürbiskernöl in die Suppe geben und diese zum Schluss mit Rahmhaube, Kerbelblättchen und Kürbiskernen garnieren.

**Tipp:**
Wie bei den meisten Suppen schmeckt auch hier ein knuspriges Baguette fantastisch dazu.

# Kürbisschaumsuppe aus dem Salzkammergut

Kürbisschaumsuppe aus dem Salzkammergut

Suppen

## Zutaten:

150 ml Sahne

1 EL frisch geriebener Meerrettich

1 EL Öl

1 Zwiebel, gewürfelt

400 g Kürbisfruchtfleisch, gewürfelt
(z. B. Buttercup, Hokkaido, Red Hubbard)

1 Boskopapfel, geschält und gewürfelt

¾ l Gemüsebrühe

1 TL Currypulver

Salz

1 EL Zitronensaft

## Zubereitung:

**1.** 100 ml Sahne steif schlagen und den Meerrettich vorsichtig unterheben.

**2.** Die Masse in einen Spritzbeutel füllen (große Tülle), auf ein Stück Alufolie oder Backpapier Rosetten spritzen und diese dann ins Gefrierfach stellen.

**3.** Die Zwiebel in Öl andünsten, die Kürbis- und Apfelwürfel hinzugeben und mit andünsten.

**4.** Die Brühe angießen und das Gemüse 10 Minuten weich kochen. Dann das Ganze mit dem Mixstab pürieren, die übrige Sahne dazugießen und mit Curry, Salz und Zitronensaft würzen.

**5.** Die Suppe mit den gefrorenen Sahne-Meerrettich-Rosetten garnieren und servieren.

# Kürbissuppe mit Meerrettichhäubchen

Kürbissuppe mit Meerrettichhäubchen

Suppen

**Zutaten:**

1 flachrunder Kürbis, ca. 1–3 kg
*(z. B. Delica, Futsu, kleiner Roter Zentner, Sweetie Pie)*

¼ l Gemüsebrühe

1/8 l Sahne

1 Tasse geriebener Emmentaler

1 TL Salz

1TL geschroteter Pfeffer

1 Msp. Muskat

1 TL geriebener Ingwer

**Diese Suppe wird im Kürbis gegart und im Kürbis serviert: So bleibt sie garantiert heiß! Bon appétit!**

**Zubereitung:**

**1.** Den Deckel vom Kürbis abschneiden und mit einem Löffel Fasern und Kerne entfernen.

**2.** Alle angegebenen Zutaten in den Kürbis geben und diesen mit dem Deckel wieder verschließen. Den Stiel auf 3 cm einkürzen und mit Alufolie umwickeln (sonst riecht es im heißen Backofen nach gebackenem Holz).

**3.** Den Kürbis in einer feuerfesten Auflaufform auf die mittlere Schiene in den vorgeheizten Backofen setzen und bei 180 °C 60 Minuten garen.

**4.** Ist das Kürbisfleisch durchgegart (für die Garprobe den Deckel kurz abnehmen und in das Kürbisfleisch hineinstechen), die Auflaufform samt Kürbis herausnehmen, den Deckel beiseitelegen und mit einem Löffel das Kürbisfleisch bis auf einen Rand von ½ cm ablösen.

**5.** Mit dem Pürierstab das „Innenleben" pürieren. Ist die Suppe zu sämig geraten, etwas heiße Brühe unterrühren.

**6.** Abschließend mit geriebenem Käse garnieren, den Deckel wieder auflegen und am Tisch servieren.

# Kürbissuppe nach Paul Bocuse

**Kürbissuppe nach Paul Bocuse**

## Zutaten:

2 Butternut-Kürbisse

2 EL Zitronensaft

Salz, Pfeffer

4 EL weiche Butter

## Zubereitung:

**1.** Die Butternuts in der Länge halbieren, entkernen und die Hälften mit der Rundung zuunterst aufs Blech legen.

**2.** Die Vertiefungen mit Zitronensaft beträufeln, salzen, pfeffern und jeweils mit 1 Esslöffel der weichen Butter befüllen.

**3.** Bei 180 °C im Backofen auf mittlerer Schiene 20 Minuten backen.

# Gebackener Butternut

**Gebackener Butternut**

Vorspeisen

**Zutaten:**

4 Squashes
*(z. B. Pâtisson, Rondini oder Zucchini)*

Wahlweise kleine Winterkürbisse
*(z. B. Golden Nugget, Kamo-Kamo, Mandarin, Sweet Dumpling, Table Queen)*

**Füllung :**

200 g Ricottakäse

100 g geriebener Emmentaler

1 kl. Bd. glatte Petersilie, gehackt

1 Stiel frisches Basilikum,
notfalls 1 EL getrocknetes Basilikum

2 EL gehackte Kürbiskerne

200 g Shrimps
oder 200 g gewürfelter Schinken (nach Belieben)

**Alternative Füllung:**

200 g Schafskäse

100 g gehackte grüne und / oder schwarze Oliven

100 g getrocknete Tomate, gehackt

1 kleine durchgepresste Knoblauchzehe

Salz, Pfeffer,

1 Stiel Basilikum

100 g Emmentaler, gerieben

2 EL gehackte Kürbiskerne

**Zubereitung:**

**1.** Von den Kürbissen den Deckel abschneiden, die Früchte aushöhlen und in eine Auflaufform stellen.

**2.** Die für die gewünschte Füllung angegebenen Zutaten miteinander vermengen und in die Kürbisse füllen.

**3.** Bei 200 °C Umluft im vorgeheizten Backofen 30 Minuten backen.

# Gefüllte Squashes

Vorspeisen

## Zutaten:

4 Gem Squashes

40 g Kräuterbutter

1 l Wasser

### Für die Kräuterbutter:

1 EL fein gewogene Kräuter nach Geschmack
*(z. B. Petersilie, Schnittlauch, Dill, Rucola)*

1 TL Salz

1 Prise Pfeffer

40 g weiche Butter

1 TL Zitronensaft nach Belieben

### Für die Joghurt-Dip-Variation*:

60 g Crème fraîche oder Naturjoghurt

1 EL fein gewogene Kräuter (Schnittlauch, Petersilie, Dill etc.)

Salz, Pfeffer

**Auch mit dem Joghurt-Kräuter-Dip ist der Gem Squash ein Gedicht!**

### Für die Kräuterbutter:

Kräuter, Salz und Pfeffer mit der Butter in ein Schälchen geben und gut verrühren.

### Für den Joghurt-Kräuter-Dip:

Crème fraîche bzw. Naturjoghurt mit Kräutern, Salz und Pfeffer in ein Schälchen geben und gut verrühren.

### Zubereitung Kürbisse:

**1.** Gem Squashes 20 Minuten kochen, den Deckel abschneiden und die Früchte mit einem kleinen Löffel entkernen.

**2.** Kräuterbutter bzw. Joghurt-Kräuter-Dip einfüllen und servieren.

## Gem Squashes mit Kräuterbutter

Gem Squashes mit Kräuterbutter

Vorspeisen

## Zutaten:

375 g Kürbis, feste Sorte
*(z. B. Butternut, Cream of the Crop,
Delica, Sweet Dumpling, Table Queen)*

2 Gewürzgurken

3 Cocktailtomaten

Schnittlauch

### Für die Marinade:

2 EL weißer Balsamico

3 EL Öl

jeweils 1 Prise Salz,
Zucker, Pfeffer

½ TL mittelscharfer Senf

### Zubereitung:

**1.** Den Kürbis schälen, entkernen und in kleine Würfel oder Rauten schneiden.

**2.** Die Gewürzgurken raspeln bzw. in feine Stäbchen schneiden, die Tomaten vom Stielansatz befreien und halbieren.

**3.** Für die Marinade alle angegebenen Zutaten miteinander verrühren.

**4.** Die Rohkost mit der Marinade vermengen, mit dem Schnittlauch bestreuen und servieren.

# Herzhafte Kürbisrohkost

**Herzhafte Kürbisrohkost**

Vorspeisen

**Zutaten:**

8 Scheiben vom Kürbis, feste Sorte
*(z. B. Butternut, Longue de Nice, Trombolino)*

Salz, Pfeffer

Olivenöl zum Anbraten

300 g Parmesan, fein gehobelt

50 g Butterflöckchen

**Zubereitung:**

**1.** Kürbis schälen und in ½ cm dünne Scheiben schneiden.

**2.** Kürbisscheiben leicht salzen und pfeffern, auf beiden Seiten in Öl anbraten und auf Küchenkrepp abtropfen lassen.

**3.** Jeweils 2 Kürbisscheiben, Parmesan und Butterflöckchen abwechselnd aufeinanderschichten,

**4.** Den restlichen Parmesan darüberstreuen und bei 150 °C für 10 Minuten im vorgeheizten Backofen überbacken.

# Italienische Kürbistörtchen

Vorspeisen

## Zutaten:

1/2 Zwiebel

2 EL Öl

200 g Austernpilze (ersatzweise Champignons, Egerlinge)

300 g Kürbisfruchtfleisch, feste Sorte
*(z. B. Buttercup, Butternut, Delica, Hokkaido)*

Salz, Pfeffer

2 Bd. Rucola

Nach Belieben:
100 g gehobelter Parmesan

Petersilie

### Für die Vinaigrette:

2 EL weißer Balsamico

3 EL Oliven- oder Rapsöl

½ TL mittelscharfer Senf

½ TL gekörnte Gemüsebrühe

1 TL Zucker

Salz, Pfeffer

1 EL Wasser

### Zubereitung:

**1.** Die Zwiebel klein würfeln und im Öl andünsten.

**2.** Die geputzten Pilze klein schneiden, das Kürbisfruchtfleisch in feine Streifen hobeln und alles zusammen ca. 5 Minuten mit andünsten, bis die Pilze und Kürbiswürfel bissfest sind. Dann mit Salz und Pfeffer abschmecken.

**3.** Für die Vinaigrette alle angegebenen Zutaten in ein Schraubglas geben, Glas verschließen, kräftig durchschütteln und abschmecken.

**4.** Den gewaschenen und trocken geschleuderten Rucola auf den Tellern anrichten, die Kürbis-Pilz-Mischung darauf verteilen und mit der Vinaigrette übergießen.

**5.** Nach Belieben mit dem Parmesan sowie klein geschnittener Petersilie garnieren und zu getoastetem Baguette servieren.

# Kürbis und Austernpilze auf Rucola

**Kürbis und Austernpilze auf Rucola**

Vorspeisen

## Zutaten:

500 g Kürbis, mehlige Sorte
*(z. B. Trombolino oder Zucchini)*

1 Tomate, gewürfelt

2 EL gehobelter Parmesan

### Für die Marinade:

2 EL weißer Balsamico

1 EL Sojasauce

3 EL Oliven- oder (etwas würziger) Kürbiskernöl

1 gepresste Knoblauch-zehe

Abrieb von ½ unbe-handelten Zitrone

Salz, Pfeffer

### Zubereitung:

**1.** Den vorher geschälten Trombolino und die unge-schälte Zucchini in sehr feine Scheiben hobeln und auf einer mit Öl bepinselten Platte schuppenför-mig anrichten.

**2.** Für die Marinade die angegebenen Zutaten in ein Schraubglas geben, Glas verschließen und kräftig durchschütteln.

**3.** Den Kürbis mit der Marinade beträu-feln und 1 Stunde ziehen lassen.

**4.** Mit Tomatenwürfeln und Parmesan garnieren und servieren.

# Kürbis-Carpaccio

Kürbis-Carpaccio

Vorspeisen

## Zutaten:

Pro Person:
3 Scheiben vom Kürbis,
feste Sorte
*(z. B. Buttercup, Butternut,
Delica, Hokkaido, Japan Cup)*

**Tipp:** Bei einem eher saftigen Kürbis
wie Zucchini, Rondini oder Squash
die Scheiben leicht mit Mehl
bestäuben.

Salz, Pfeffer

1 durchgepresste Knoblauchzehe

jeweils 1 TL frischer oder
getrockneter Oregano,
Thymian, Rosmarin

2 EL Öl

## Zubereitung:

**1.** Die Kürbisschei-
ben in Spalten schnei-
den und beidseitig
salzen und pfeffern.

**2.** Mit Knoblauch bestreichen, mit den Kräutern
bestreuen und in Öl anbraten.

**Tipp:**
Als Vorspeise zusammen
mit Kräuterdip servieren.

# Gebratene Kürbisspalten

**Gebratene Kürbisspalten**

Beilagen

## Zutaten:

1 EL Butter

1 EL Zucker

2 Frühlingszwiebeln

500 g Kürbisfleisch, gewürfelt, feste Sorte
*(z. B. Buttercup, Butternut, Delica)*

Salz, Pfeffer

1/8 l Geflügelfond

1 EL Balsamico

**Tipp:
Passt wunderbar
als Beilage zu
Fleisch- oder
Fischgerichten.**

## Zubereitung:

**1.** Butter im Topf zerlassen, Zucker einstreuen und karamellisieren.

**2.** Die Frühlingszwiebeln waschen, in feine Ringe schneiden (einige grüne Ringe für die Garnitur beiseitelegen), zusammen mit den Kürbiswürfeln in die karamellisierte, gezuckerte Butter geben und 3 Minuten mit andünsten.

**3.** Mit Salz und Pfeffer würzen, Geflügelfond und Balsamico hinzugeben, danach 2 Minuten köcheln lassen.

**4.** Mit den Frühlingszwiebel-Ringen dekorieren.

# Glasierter Kürbis

# Beilagen

## Zutaten:

500 g Kürbisfruchtfleisch, gewürfelt, feste Sorte
*(z. B. Buttercup, Butternut, Delica, Japan Cup)*

2 EL Öl

1 kleine durchgepresste Knoblauchzehe

1 kleines Stck. Ingwer (½ cm, sehr fein geschnitten)

2 EL brauner Zucker

200 g Kokosmilch

½ TL Salz

½ TL Currypulver

150 g frische Sojasprossen (ersatzweise Sojasprossen aus dem Glas)

1 Spritzer Sojasauce

1 EL Schmand oder Sahne (nach Belieben)

## Zubereitung:

**1.** Kürbiswürfel in Öl mit Knoblauch, Ingwer und Zucker andünsten, gewaschene frische Sojasprossen kurz mit durchdünsten.

**2.** In einer Kasserolle Kokosmilch mit Salz und Curry würzen und zum Kochen bringen.

**3.** Die Kürbiswürfel, Sojasprossen und Sojasauce hinzugeben und weitere 5 bis 10 Minuten mit niedriger Hitze köcheln lassen.

**4.** Nach Belieben Schmand oder Sahne unterziehen.

# Indonesisches Kürbisgemüse

Indonesisches Kürbisgemüse

Beilagen

## Zutaten:

1 kg Kürbisfruchtfleisch, feste Sorte
*(z. B. Buttercup, Butternut, Delica)*

40 g Zucker

1 EL Rotweinessig

50 g Butter

2 Schalotten, fein geschnitten

6 EL Tomatenmark

200 g Schmand

Salz, Pfeffer

40 g frischer Meerrettich

½ Bd. frischer Dill
(alternativ: Frühlings-
zwiebeln)

## Zubereitung:

**1.** Das Kürbisfruchtfleisch fein raspeln und mit dem Zucker in einem breiten Topf goldbraun schmelzen.

**2.** Mit Rotweinessig ablöschen, die Butter dazugeben und kurz aufschäumen lassen.

**3.** Die Schalotten hinzugeben und 3 Minuten mitdünsten.

**4.** Tomatenmark und Schmand unterrühren, mit Salz und Pfeffer abschmecken und zugedeckt unter gelegentlichem Umrühren 10 Minuten garen.

**5.** Meerrettich darüberreiben und mit Dill bzw. Röllchen von der Frühlingszwiebel garnieren.

# Kürbiskraut mit Meerrettich

**Kürbiskraut mit Meerrettich**

Beilagen

## Zutaten:

1 kg Kürbis, mehlige Sorte
*(z. B. Blue oder Pink Banana, Hokkaido,
North Georgia)*

1/8 l kochend heiße Milch

10 g Butter

½ TL Salz

1 Prise Muskat

## Zubereitung:

**1.** Den Kürbis halbieren, entkernen, in 5 cm breite Segmente schneiden und mit der Wölbung nach unten auf ein Backblech legen.

**2.** Im 180 °C heißen Ofen 45 Minuten weich backen. (Danach lässt sich das Fruchtfleisch leicht aus der Schale lösen, so dass der Kürbis für die Zubereitung von Püree nicht erst geschält werden muss.)

**3.** Mit einem Löffel das Kürbisfleisch aus der Schale lösen und zur Weiterverarbeitung für Nockerl, Pies, Füllungen usw. beiseitestellen und auskühlen lassen. (Beim Hokkaido-Kürbis wird die Schale mit verwendet.)

**4.** Für die Zubereitung des Pürees die kochend heiße Milch in das Kürbisfruchtfleisch einrühren, die Butter hinzugeben und das Ganze mit Salz und Muskat abschmecken.

*Info: Kürbispüree ist die Basis für eine Vielzahl von Kürbisgerichten – so z. B. für die Kürbisnockerl (siehe Rezept auf Seite 84), für Pies und Nudelfüllungen. Wird das Püree als Komponente eines Gerichtes zubereitet, sollte der Kürbis am besten am Vortag vorgegart werden: idealerweise dann, wenn der Backofen ohnehin gerade angeheizt ist.*

# Kürbispüree

Kürbispüree

# Beilagen

## Zutaten:

300 g Kürbisfruchtfleisch, feste Sorte *(z. B. Buttercup, Butternut, Delica)*

2 festkochende Kartoffeln

2 Eier

50 g geriebene Haselnüsse

50 g Mehl

Salz Pfeffer

1 Msp. Muskatnuss

Butterschmalz oder Öl zum Anbraten

## Zubereitung:

**1.** Das Kürbisfruchtfleisch fein und die Kartoffeln grob raspeln.

**2.** Die Kürbis- und Kartoffelraspel mit den übrigen Zutaten vermengen und im heißen Fett portionsweise beidseitig backen.

**Tipp:**
Reicht man zu den Kürbisrösti Preiselbeerkompott, Apfelmus oder Kräuterquark, ergibt sich ein wunderbares Hauptgericht.

# Kürbisrösti

Kürbisrösti

Beilagen

**Zutaten:**

300 g Spätzlemehl (Dunst)

3 Eier

1 TL Salz

300 g Kürbispüree (*Seite 68*)
(*z. B. vom Blue oder Pink Banana,
Hokkaido, North Georgia*)

**Zubereitung:**

**1.** Für das Kürbis-
püree (am besten am Vortag
zubereiten) einen halbierten
entkernten Kürbis ca. 45 Minuten bei
180 °C im Backofen backen. Dann das
gegarte Kürbisfruchtfleisch mit einem Löffel
von der Schale lösen. (Beim Hokkaido-Kürbis
Schale mit verwenden.)

**2.** Mehl, Eier, Salz und Kürbispüree mit dem Kochlöf-
fel zu einem glatten Teig verrühren und 30 Minuten
ruhen lassen.

**3.** Den Teig portionsweise durch den Spätzlehobel in
kochendes Salzwasser geben. Sobald die Spätzle an die
Wasseroberfläche gestiegen sind, mit dem Schaumlöffel
herausnehmen.

**Tipp:**
Wenn man die Kürbisspätzle anschließend
mit geriebenem Käse zu Käsespätzle verarbeitet
und diese mit gerösteten Zwiebeln garniert,
erhält man ein perfektes Hauptgericht.

# Kürbisspätzle

**Kürbisspätzle**

Beilagen

## Zutaten:

1 standfester Kürbis, ca. 3 kg, feste Sorte
*(z. B. Delica, Futsu, Queensland Blue, Türkischer Turban)*

Salz, Pfeffer

300 g rote Linsen

60 g Pinienkerne

2 gehackte Zwiebeln

2 EL Öl

1 durchgepresste Knoblauchzehe

1 kl. rote Chilischote (ca. 1 cm), sehr fein geschnitten

300 g gemischtes Hackfleisch (Rind/Schwein)

200 g Lammhackfleisch

400 g geschälte Tomaten samt Flüssigkeit aus der Dose

jeweils 1 EL Oregano, Basilikum

## Zubereitung:

**1.** Den Backofen auf 180 °C vorheizen.

**2.** Den Deckel vom Kürbis abschneiden, die Kerne und Fasern mit einem Esslöffel herauslösen und die entstandene Vertiefung mit Salz und Pfeffer einreiben.

**3.** Die Linsen 3 Minuten kochen, in ein Sieb geben und überbrausen.

**4.** Die Pinienkerne in der Pfanne ohne Fett goldgelb rösten, aus der Pfanne nehmen und beiseitestellen.

**5.** Die Zwiebeln im Öl glasig dünsten, darin den Knoblauch und die Chilischote leicht anrösten, das Hackfleisch dazugeben und krümelig braun braten. Die Hackmischung salzen und pfeffern.

**6.** Linsen, Tomaten samt Flüssigkeit, die Pinienkerne und die Kräuter unterheben. Nochmals kräftig mit Salz, Pfeffer und den Kräutern abschmecken.

**7.** Alles zusammen in den Kürbis füllen und den Kürbisdeckel wieder auflegen.

**8.** Den Kürbisstiel mit Alufolie abdecken, den gefüllten Kürbis auf ein Backblech stellen und 1 Stunde 20 Minuten im Backofen backen.

# Chili con carne im Kürbis

Chili con carne im Kürbis

Hauptgerichte

## Zutaten:

1 kg Kürbisfrucht-
fleisch, gewürfelt, feste
Sorte *(z. B. Buttercup,
Butternut, Delica, Hokkaido)*

Butter für die Auflaufform

150 g Greyerzerkäse, gehobelt

150 g Raclettekäse,
gehobelt

150 g Sahne

Muskat

Salz

Pfeffer

## Zubereitung:

**1.** Den Backofen auf 180 °C
vorheizen.

**2.** Die Kürbiswürfel in eine gebutterte Auflaufform geben.

**3.** Käse, Sahne und die Gewürze
miteinander vermengen und hinzufügen.
Anschließend im Backofen auf mittlerer
Schiene 30 Minuten backen.

# Kürbisgratin

Hauptgerichte

## Zutaten:

1 kg Kürbis, feste oder mehlige Sorte
*(z. B. Hokkaido, Delica, Tonda Pandana)*

100 g Schmand

150 g Greyerzerkäse

2 EL Mehl

3 TL Schnittlauch

3 Eier, getrennt

Salz, Pfeffer

**Tipp:**
**Dazu passt**
**ein knackiger**
**Blattsalat**
**wunderbar.**

### Kürbispüree:
(am besten vom Vortag)

**1.** Kürbis halbieren, entkernen und im auf 180 °C vorgeheizten Backofen ca. 45 Minuten weich garen.

**2.** Das gegarte Kürbisfruchtfleisch mit einem Löffel von der Schale lösen (beim Hokkaido die Schale mit verwenden) und abkühlen lassen.

**3.** Das Kürbisfruchtfleisch in einer Schüssel pürieren, Schmand, Käse, Mehl, Schnittlauch und Eigelb unterrühren und mit Salz und Pfeffer würzen.

**4.** Das Eiweiß schlagen und den Eischnee unterheben.

### Soufflee:

**5.** Das Kürbispüree in einer gebutterten Auflaufform bei 180 °C in den Backofen geben.

**Tipp:** Am besten die Form vorher in ein Wasserbad stellen, so backt das Soufflee gleichmäßiger. Zusätzliches Küchenkrepp in der hitzebeständigen Schüssel sorgt für mehr Standfestigkeit des Soufflees im Wasserbad.

**6.** Das Soufflee im Backofen 30 Minuten goldbraun backen und sofort servieren.

# Kürbis-Käse-Soufflee

# Hauptgerichte

## Zutaten:

350 g Lasagneblätter

**Für die Füllung:**

1 Stange Lauch

1 durchgepresste Knoblauchzehe

1 Stückchen Ingwer (ca. ½ cm), fein geschnitten

2 EL Öl

500 g Kürbis, grob geraspelt, feste Sorte (z. B. Delica oder Marina di Chioggia)

Salz, Pfeffer

**Für die Béchamelsauce:**

60 g Butter

80 g Mehl

1/8 l kalte Gemüsebrühe

1/8 l Milch

3 Eigelbe

150 g geriebener Hartkäse

150 g gekochter Schinken- oder Mortadellawürfel (nach Belieben)

### Kürbisgemüse:

**1.** Den Lauch waschen, in feine Ringe schneiden und zusammen mit Knoblauch und Ingwer im Öl glasig andünsten. Den geraspelten Kürbis dazugeben und kurz mit durchdünsten. Salzen und pfeffern.

### Béchamelsauce:

**2.** Butter in einer Kasserolle schmelzen. Die Kasserolle von der heißen Herdplatte nehmen, das Mehl hinzugeben und verrühren.

**3.** Brühe und Milch angießen und unter Rühren aufkochen lassen.

**4.** Die Eigelbe und 100 g Käse unterrühren, nach Belieben gekochten Schinken oder Mortadella hinzufügen.

### Lasagne:

**5.** Das Kürbisgemüse unter die Béchamelsauce heben und abwechselnd mit den Lasagneblättern in eine Auflaufform schichten. Mit einer Kürbis-Béchamel-Schicht beginnen und abschließen.

**6.** Den restlichen Käse darüberstreuen und im auf 180 °C vorgeheizten Backofen 45 Minuten überbacken.

# Kürbislasagne

# Hauptgerichte

## Zutaten:

Butter für die Form

1 Knoblauchzehe

600 g Kürbis, feste Sorte
(z. B. Butternut, Trompeta, Trombolino)

***Tipp:*** *Die angegebenen Kürbissorten haben eine längliche Form und lassen sich deshalb in schöne Scheiben schneiden. Runde Kürbisse sollte man in Sicheln oder Stücke schneiden.*

250 g Mozzarella

4 Tomaten

jeweils ½ EL Oregano und Thymian

2 Stiele Basilikum, Blätter für die Dekoration

30 g geriebener Parmesan

Salz, Pfeffer

## Zubereitung:

**1.** Backofen auf 180 °C vorheizen.

**2.** Die Auflaufform buttern und mit der zerdrückten Knoblauchzehe ausreiben.

**3.** Den Kürbis schälen und in 5 mm dicke Scheiben schneiden. Den Mozzarella und die Tomaten (vorher Stielansätze entfernen) ebenfalls in Scheiben schneiden.

**4.** Abwechselnd die Kürbis-, Mozzarella- und Tomatenscheiben in die gebutterte Auflaufform schichten.

**5.** Gewürze und Kräuter darübergeben, mit Parmesan bestreuen und auf der mittleren Schiene im Backofen 30 Minuten backen.

**6.** Mit Basilikumblättern dekorieren und servieren.

# Kürbis-Mozzarella-Auflauf

Kürbis-Mozzarella-Auflauf

# Hauptgerichte

## Für das Püree:

1 kg Kürbis, mehlige Sorte
(z. B. Blue oder Pink Banana, Hokkaido, North Georgia)

2 mehlige gekochte Kartoffeln

## Für den Teig:

75 g Parmesan, gerieben

2 Eigelbe

Salz, Pfeffer, Muskatnuss

150–200 g Dunst
(Spätzlemehl)

Butter für die
Auflaufform

## Für das Topping:

Salbeiblätter

75 g
Parmesan,
gehobelt

## Püree:

(am besten am Vortag zubereiten)

**1.** Den Backofen auf 200 °C vorheizen.

**2.** Den Kürbis halbieren, die Kürbishälften vom Kernhaus befreien und in Spalten schneiden.

**3.** Die Kürbisspalten im Backofen 40 Minuten weich backen, dann das Kürbisfruchtfleisch von der Schale lösen. Einen Hokkaido-Kürbis nicht schälen (Schale verkocht sich mit.)

**4.** Das Kürbisfruchtfleisch mit den Kartoffeln pürieren und auskühlen lassen.

## Teig:

**5.** Den geriebenen Parmesankäse und die Eigelbe zum Kürbis-Kartoffel-Püree geben und mit Salz, Pfeffer und Muskatnuss würzen.

**6.** Anschließend so viel Spätzlemehl unterrühren, dass man einen homogenen Teig erhält. 30 Minuten quellen lassen.

**7.** Mit 2 Teelöffeln die Nockerl formen und portionsweise in kochendes Salzwasser geben, anschließend 8 Minuten ziehen lassen.

**8.** Sobald die Nockerl an die Wasseroberfläche gestiegen sind, mit der Schaumkelle herausnehmen, in eine gebutterte Auflaufform geben, mit dem gehobelten Parmesan bestreuen und mit den Salbeiblättern garnieren.

## Variation:

**1.** 500 g Fleischtomaten waschen, vom Stielansatz befreien, in Stückchen schneiden, in Öl andünsten, salzen, pfeffern und Basilikum hinzufügen.

**2.** Das Tomatengemüse lagenweise mit den Nockerl in eine feuerfeste Form geben, mit Parmesan bestreuen und bei 200° 15 Minuten backen.

# Kürbisnockerl mit Salbei

Kürbisnockerl mit Salbei

Hauptgerichte

## Zutaten:

1 Zwiebel

2 EL Öl

500 Austernpilze
*(ersatzweise Champignons oder Egerlinge)*

Kürbisfruchtfleisch (Kürbis à 1,5 kg),
gewürfelt, feste Sorte
*(z. B. Buttercup, Butternut, Delica)*

50 g Sahne

Salz, Pfeffer

frischer Thymian

½ Bd. glatte oder krause
Petersilie, fein gehackt
(nach Belieben)

## Zubereitung:

**1.** Zwiebel klein schneiden
und im Öl andünsten.

**2.** Die geputzten Pilze klein
schneiden und zusammen mit
den Kürbiswürfeln dazugeben und
mit andünsten.

**3.** Mit der Sahne ablöschen, dann
salzen, pfeffern und mit Thymian und
Petersilie garnieren. Mit Baguette
servieren.

**Tipp:**
**Das Ragout schmeckt auch
als Füllung für Minikürbisse
hervorragend.**

# Kürbis-Pilz-Ragout

Kürbis-Pilz-Ragout

Hauptgerichte

## Zutaten:

2 Schalotten, fein gewürfelt

2 EL Öl

300 g Kürbisfruchtfleisch, gewürfelt, feste Sorte
*(z. B. Butternut, Delica, Marina di Chioggia)*

200 g Risottoreis

1 l Gemüsebrühe

2 EL geriebener Parmesan

### Für die Sauce:

400 ml Sahne

200 g Gorgonzola

Salz, Pfeffer

### Für die Garnitur:

Salbeiblätter

## Zubereitung:

**1.** Schalotten in 1 EL Öl anschwitzen. Anschließend das Kürbisfruchtfleisch mit dem Risottoreis hinzufügen.

**2.** Nach und nach die Gemüsebrühe angießen und unter gelegentlichem Umrühren sämig garen. Den Parmesan einrühren.

### Für die Sauce:

**3.** Die Sahne auf etwa 2/3 einkochen. Den Gorgonzolakäse darin schmelzen, mit Salz und Pfeffer würzen und gut verrühren.

**4.** Vor dem Servieren des Gerichtes die Salbeiblätter auf das Risotto geben. (Nach Belieben vorher im restlichen Öl knusprig braten.)

# Kürbisrisotto mit Gorgonzolasauce

Kürbisrisotto mit Gorgonzolasauce

Hauptgerichte

## Zutaten:

(wie für die Kürbislasagne Seite 80)

**Für die Spinat-Ricotta-Schicht:**

1 gehackte Schalotte

1 gepresste Knoblauch-zehe

1 EL Öl

500 g Blattspinat

Salz, Pfeffer

200 g Ricotta-käse

50 g Hartkäse (z. B. Pecorino

## Zubereitung:

(wie bei der Kürbislasagne Seite 80)

### Spinat-Ricotta-Schicht:

**1.** Schalotte und Knoblauch in Öl andünsten, den vorher gewaschenen und gehackten Spinat dazugeben und kurz mit dünsten. Anschließend mit Salz und Pfeffer würzen.

**2.** Auskühlen lassen und anschließend den Ricotta- und Hartkäse untermischen.

**Dieses Gericht ist eine Variante der Kürbis-Lasagne. Abwechselnd mit der Kürbis-Béchamel-Schicht wird eine Spinat-Ricotta-Mischung eingeschichtet.**

# Kürbis-Spinat-Lasagne

## Zutaten:

4 Scheiben Lachs (insges. 600 g)

Saft von 1 Zitrone

2 EL Mehl

Salz, Pfeffer

Schnittlauch

2 EL Öl

### Für die Sauce:

1 Zwiebel, gewürfelt

1 EL Öl

500 g Kürbisfruchtfleisch,
klein gewürfelt,
mehlige oder feste Sorte
(z. B. Buttercup, Delica,
Hokkaido)

Salz, Pfeffer

1 EL Currypulver

100 ml Gemüsebrühe

100 ml Weißwein,
trocken oder halb-
trocken

100 g Sahne

100 g Crème
fraîche

## Zubereitung:

**1.** 20 Minuten vor der Zubereitung des Gerichts die Lachsscheiben mit Zitronensaft beträufeln, leicht pfeffern und mit Dill bestreuen. Dabei etwas Dill für die Garnitur beiseitelegen.

**2.** Für die Sauce die Zwiebelwürfel in Öl glasig dünsten, die Kürbiswürfel hinzugeben.

**3.** Kürbiswürfel salzen, pfeffern und mit Curry würzen, anschließend mit Brühe und Wein ablöschen und auf niedriger Flamme gar dünsten.

**4.** Den Lachs beidseitig salzen, mit Mehl bestäuben und auf beiden Seiten in Öl knusprig anbraten. Bei mäßiger Hitze gar dünsten.

**5.** Sahne und Crème fraîche unter die Kürbissauce rühren.

**6.** Lachs mit der Sauce auf vorgewärmten Tellern anrichten. Mit Schnittlauch garnieren.

**Tipp:**
**Dazu passen Wildreis, Petersilienkartoffeln oder, als besonderer Farbkontrast, blaue Kartoffeln mit Petersilie.**

# Lachs mit Kürbis-Curry-Sauce

Lachs mit Kürbis-Curry-Sauce

# Hauptgerichte

## Zutaten:

1 Spaghetti-Kürbis (1,5–2 kg)

1 fein gehackte Knoblauchzehe

1 EL Olivenöl

Salz, Pfeffer

200 g Räucherspeck in fein geschnittenen Streifen

klein gehackte Blätter von 1 Bd. Basilikum

100 g geriebener Parmesan

**1.** Den Kürbis mit einer Gabel mehrmals einstechen, damit er in der Hitze nicht platzt.

**2.** In einem ausreichend großen Topf* Kürbis mit reichlich Wasser 40 Minuten sprudelnd kochen.

**3.** Kürbis herausnehmen und auf einer Platte etwas abkühlen lassen.

**4.** Mit einem langen, scharfen Messer den Kürbis längs halbieren und mit einem Esslöffel Kerne samt Fasern entfernen.

**5.** Mit Hilfe von 2 Gabeln das spaghettiähnliche Fruchtfleisch lösen.

**6.** Den Räucherspeck mit etwas Öl in der Pfanne knusprig braten und den Knoblauch darin andünsten.

**7.** Die Kürbisspaghetti hinzugeben, mit Salz, Pfeffer und Basilikum würzen. Anschließend mit Parmesan bestreuen und alles vorsichtig untermischen. Mit Parmesan und Basilikum garnieren.

**8.** Nach Belieben in den Kürbis zurückfüllen und 15 Minuten bei 180 °C im Backofen überbacken.

**\*Tipp:** Verfügt man nicht über einen ausreichend großen Topf, so gart man den Kürbis in einem hohen Backblech, bis zu einer Höhe von 3 cm mit Wasser gefüllt 70 Minuten bei 200 °C im Backofen.

### Variation: Spaghettikürbis auf ungarische Art

**1.** Backofen auf 180 °C vorheizen.

**2.** Den Spaghettikürbis quer in 3 cm dicke Scheiben schneiden.

**3.** Die Scheiben in eine 1 cm hoch mit Wasser gefüllte Auflaufform geben und 30 Minuten backen.

**4.** Die Kerne aus jeder Scheibe entfernen, dann die Scheiben auf die Teller verteilen.

**5.** Mit Kürbiskernpesto (Rezept siehe Seite 132) oder Käse- bzw. Tomatensauce servieren.

## Spaghettikürbis mit Kürbiskernpesto

Spaghettikürbis mit Kürbiskernpesto

Hauptgerichte

**Zutaten:**

8–12 männliche Kürbisblüten
(langstielige Blüten ohne Fruchtknoten)

**Für den Backteig:**

1 Ei, getrennt

100 g Mehl

1/8 l Weißwein, beliebige Sorte

1 TL Öl

1 Prise Salz

400 g Kokosfett
zum Ausbacken

Puderzucker
zum Bestäuben

**Tipp:**
**Dazu passen**
**wunderbar**
**Vanilleeis,**
**Preiselbeer-**
**kompott**
**oder auch**
**nur ein**
**Espresso.**

**Zubereitung:**

**1.** Das Eiweiß steif schlagen, dann Mehl, Wein, Eigelb, Öl und Salz verrühren. Den Eischnee unterheben.

**2.** Die Staubgefäße aus den Blütenkelchen schneiden.

**3.** Das Kokosfett in einer Friteuse auf 180 °C erhitzen.

**4.** Die Kürbisblüten am Stiel festhalten und in den Backteig tauchen. Jeweils 2–3 Blüten (je nach Größe der Friteuse) im schwimmenden Fett ca. 1 bis 2 Minuten frittieren.

**5.** Die frittierten Kürbisblüten herausnehmen und das überschüssige Fett auf Küchenkrepp abtropfen lassen.

**6.** Vor dem Verzehr die Kürbisblüten mit Puderzucker bestäuben.

# Gebackene Kürbisblüten

**Gebackene Kürbisblüten**

97

Desserts

**Zutaten:**

500 g Zucker

75 ml Wasser

500 g Kürbisfruchtfleisch, in Stückchen
geschnitten, feste Sorte
(z. B. Delica, Japan Cup,
Queensland Blue)

150 g Hagelzucker
zum Bestreuen
(nach Belieben)

**Zubereitung:**

**1.** Zucker und Wasser
in eine Pfanne geben und
so lange erwärmen, bis sich
der Zucker aufgelöst hat.

**2.** Die Kürbisstückchen dazugeben
und 15 Minuten garen. Anschließend
mit einem Schaumlöffel herausnehmen
und in eine separate Schale geben.

**3.** Die verbliebene Flüssigkeit zum Sirup
einkochen. Diesen über den Kürbis geben und
das Ganze über Nacht zugedeckt ziehen lassen.

**4.** Die Kürbisstückchen nach Belieben und
Geschmack in Hagelzucker wälzen.

**Info:** Kandierter Kürbis hält sich im Kühl-
schrank 14 Tage.

# Kandierter Kürbis

**Zutaten:**

1 Feigenblattkürbis

100 ml Wasser

200 g Zucker

Mark von 1/4 Vanillestange

1 Sternanis

1 Prise Zimt

Abrieb 1 unbehandelten Orange

**Info:**
Das Fruchtfleisch vom Feigenblattkürbis ist weiß, süß, faserig und von schwarzen Kernen durchsetzt.

**Zubereitung:**

**1.** Den Kürbis halbieren und mit einem scharfkantigen Löffel das Fruchtfleisch in großen Stücken entnehmen. Dann das Fruchtfleisch in Würfel von 3 cm Kantenlänge schneiden. Dabei die Kerne entfernen.

**2.** 100 ml Wasser mit Zucker, Vanillemark, Sternanis, Zimt und dem Abrieb der Orangenschale zum Kochen bringen.

**3.** Die Kürbiswürfel dazugeben und ca. 15 Minuten köcheln lassen, bis sie klar schimmern und die Flüssigkeit sirupartig eingekocht ist.

**Tipp:** Das Kompott kann als einfacher Nachtisch gereicht werden, oder man richtet es vor dem Servieren auf einem mit Puderzucker bestäubten Teller zusammen mit einer Kugel Vanilleeis und einer halbierten Feige an. Schmeckt zusammen wunderbar und macht auch optisch etwas her.

# Kompott vom Feigenblattkürbis

Desserts

## Zutaten:

500 g Kürbisfruchtfleisch,
gewürfelt, feste Sorte
*(z. B. Buttercup, Butternut, Delica, Hubbard)*

75 g Zucker

200 ml Wasser zum Kochen

400 g Äpfel
*(z. B. Boskop oder Braeburn)* geschält,
in feine Schnitze geschnitten

Saft von ½ Zitrone

½ TL Zimt

Schlagsahne

**Tipp:**
**Nach Belieben**
**mit Schlagsahne**
**garnieren.**

## Zubereitung:

**1.** Kürbiswürfel und Zucker
3 Minuten in Wasser kochen.

**2.** Äpfel und Zitronensaft
dazugeben (Äpfel haben i. d. R.
eine kürzere Garzeit) und
weiterkochen, bis die Kürbiswürfel und Apfelschnitze weich,
aber noch etwas stückig sind.

**3.** Mit Zimt abschmecken.

# Kürbis-Apfel-Kompott

Desserts

**Zutaten:**

300 ml Milch

4 Eigelbe

100 g Zucker

1 Msp. Muskatblüten

200 g Kürbispüree

2 EL Rosinen, gewaschen

100 g kandierte Kürbis-
kerne

300 ml geschlagene
Sahne

**Zubereitung:**

**1.** Am besten am Vortag
das Kürbispüree vorbereiten
(Rezept siehe Seite 68).

**2.** Die Milch erhitzen und die Eigelbe
mit Zucker und den Muskatblüten
schaumig schlagen. Die erhitzte Milch zur
Eigelbmischung geben und das Ganze über
Wasserdampf cremig schlagen.

**3.** Anschließend die Mischung abkühlen
lassen und für knapp 1 Stunde ins Gefrierfach
stellen.

**4.** Sobald sie beginnt zu gefrieren, Kürbispüree,
Rosinen, Kürbiskerne und die geschlagene Sahne
unterheben.

**5.** Die Masse in eine Gefrierdose füllen und 4
bis 5 Stunden gefrieren lassen. Währenddessen
immer wieder durchrühren, damit in der
gesamten Masse ein gleichmäßiger Gefrier-
grad erreicht wird.

# Kürbiseis

Desserts

## Zutaten:

(für 12 Waffeln)

250 g Kürbisfruchtfleisch, fein geraspelt
feste Sorte *(z. B. Buttercup, Butternut,*
*Delica)*

Abrieb von 1/2 Zitrone

4 Eier

125 g Butter

50 g Zucker

1 Päckchen Vanillezucker

1 Prise Salz

250 ml Milch

250 g Mehl

flüssige Butter für
das Waffeleisen

Puderzucker
zum Bestäuben

## Zubereitung:

**1.** Das fein geraspel-
te Kürbisfruchtfleisch
mit der geriebenen Zitro-
nenschale vermischen.

**2.** Die Eier trennen. Anschließend
die feste Butter mit dem Zucker, den
Eigelben, dem Vanillezucker und der
Prise Salz schaumig schlagen.

**3.** Die Milch und dann das Mehl vorsichtig
unterrühren. Das Eiweiß steif schlagen und
zusammen mit dem Kürbisfruchtfleisch
unterheben und zu einem Teig verrühren.

**4.** Jeweils 2 bis 3 Esslöffel Teig auf das mit
der flüssigen Butter gefettete heiße Waffeleisen geben und zu goldbraunen Waffeln
ausbacken.

**5.** Die Waffeln mit Puderzucker bestäuben und noch warm servieren

# Kürbiswaffeln

Kürbiswaffeln

Desserts

### Zutaten:

250 g Blätterteig

200 g blanchierter Blattspinat

300 g festfleischiger Kürbis,
geraspelt

100 g gekochter Schinken,
gewürfelt

250 g Schafskäse,
gewürfelt

### Zubereitung:

**1.** Die Blätterteigplatte auf Backpapier leicht ausrollen, den zuvor blanchierten Blattspinat darauf verteilen, anschließend darauf den Kürbis, den Schinken und zuoberst den Schafskäse geben.

**2.** Mit Hilfe des Backpapiers das Ganze aufrollen und bei 200 °C 30 Minuten auf mittlerer Schiene im vorgeheizten Backofen backen.

**Tipp:**
**Ein knackiger Blattsalat dazu ist die perfekte Ergänzung.**

## Kürbisblätterteigrolle

Kuchen

## Zutaten:

150 g weiche Butter

130 g Zucker

2 Eier

300 g Püree vom mehligen Kürbis
*(vorzugsweise Hokkaido, North Georgia)*
am Vortag zubereitet
(siehe Rezept Seite 68)

Abrieb von 1 unbehandelten Zitrone

1 Prise Salz

½ TL Zimt

130 g Mehl

50 g geriebene Haselnüsse

2 TL Backpulver

100 g Rosinen

## Zubereitung:

**1.** Butter und Zucker schaumig rühren, die Eier aufschlagen, verquirlen und nach und nach zugeben.

**2.** Alle anderen Zutaten unterheben und das Ganze zu einem homogenen Teig verrühren.

**3.** Den Teig in gebutterte Muffinformen geben oder in Papierbackförmchen füllen.

**4.** Im auf 175 °C heißen Backofen auf mittlerer Schiene 30 Minuten backen.

# Kürbismuffins mit Rosinen

Kuchen

## Zutaten:

400 g Kürbis, feste Sorte
*(z. B. Buttercup, Butternut, Delica)*

200 g Butter

4 Eier, getrennt

150 g Zucker

1 Päckchen Vanillezucker

1 Orange
(2 EL Saft und Schalenabrieb)

2 EL Rum

1 Päckchen Backpulver

100 g Haselnüsse,
gehackt

100 g Mandeln,
gerieben

250 g Mehl

100 g Puderzucker

## Zubereitung:

**1.** Den Kürbis fein raspeln und das Eiweiß steif schlagen.

**2.** Die Butter zusammen mit den Eigelben, Zucker und Vanillezucker schaumig rühren.

**3.** Anschließend den Abrieb der Orangenschale, Rum, Backpulver, Nüsse, Mandeln und das Mehl unterheben. Den Eischnee sowie die Kürbisraspel dazugeben und das Ganze zu einem homogenen Teig verrühren.

**4.** Den Teig in eine gebutterte und bemehlte Kuchenform streichen und bei 175 °C im Backofen 50 Minuten backen.

**5.** Glasur aus Puderzucker und Orangensaft rühren und den Kuchen damit bestreichen.

# Kürbisnapfkuchen

Kuchen

## Für den Strudelteig:

250 g Mehl, 1 Ei, 1-2 EL Öl, 1 Prise Salz,
1/8 l warmes Wasser

## Für die Füllung:

2 EL Öl

1 Zwiebel

1 Stange Lauch,
in feine Ringe geschnitten

1 TL frischer Ingwer,
fein geschnitten

2 Tomaten in Scheiben

1,5 kg Kürbis, geraspelt
oder klein gewürfelt,
feste Sorte
*(z. B. Delica, Marina di
Chioggia, Queensland
Blue, Ungarischer
Bratkürbis)*

200 g Crème fraîche

60 g Semmelbrö-
sel

150 g gerie-
bener Emmen-
taler

Salz, Pfeffer

3 EL
flüssige
Butter

## Zubereitung:

**1.** Aus den angegebenen
Zutaten den Strudelteig kneten,
dann in 2 Portionen teilen, diese
mit Öl bepinseln und unter einer mit
heißem Wasser ausgespülten Edelstahlschüssel ruhen lassen.

**2.** Für die Füllung Zwiebel und Lauch in Öl
andünsten, dann Ingwer, Lauchringe, Tomatenscheiben und Kürbiswürfel hinzugeben und kurz
mit andünsten. Masse abkühlen lassen.

**3.** Die Strudel nacheinander ausrollen und füllen:
Dazu die Teigportionen jeweils auf einem leicht
bemehl-
ten Tuch auswellen, dann mit zerlassener Butter
bepinseln und vorsichtig dünn auseinanderziehen.

**4.** Die Hälfte der Semmelbrösel, dann die Hälfte der
Gemüsefüllung und zuletzt jeweils 75 g Emmentaler
sowie 100 g Crème fraîche darauf verteilen.

**5.** Die Teigränder einschlagen und mit Hilfe des
Tuches den Strudel aufrollen, vorsichtig in eine gebutterte Form gleiten lassen und erneut mit Butter
bestreichen. (Mit der zweiten Teigportion ebenso
verfahren.)

**6.** Bei 200 °C im vorgeheizten Backofen 1 Stunde
lang backen.

# Kürbisstrudel pikant

Der vorbereitete Strudel lässt sich hervorragend einfrieren: Dazu Strudel auf ein Blech
legen und mehrere Stunden unbedeckt gefrieren lassen, da ansonsten das
Verpackungsmaterial am Teig kleben bleiben würde.) Danach lässt sich der
Strudel leicht lösen und kann in Gefriertüten verpackt werden.
Natürlich kann man den Strudel auch gleich in einer
feuerfesten Form einfrieren und später mit
Alufolie abdecken.

Kuchen

**Für den Strudelteig:**

250 g Mehl, 1 kleines Ei, 1–2 EL Öl, 1/8 l Wasser

**Für die Füllung:**

2 Äpfel (z. B. Boskop)

1,5 kg Kürbisfruchtfleisch, feste Sorte
*(z. B. Bleu de Hongrie, Delica, Japan Cup)*

Saft und Schalenabrieb von 1 Zitrone

200 g Rosinen

200 g Zucker

2 TL Zimt

200 g gehackte Haselnüsse

200 g Schmand

30 g flüssige Butter

**Zubereitung:**

**1.** Aus den angegebenen Zutaten den Strudelteig kneten und in 2 Portionen aufteilen. Mit Öl bestreichen und unter einer mit heißem Wasser ausgespülten Edelstahlschüssel ½ Stunde ruhen lassen.

**2.** Die Äpfel schälen und zusammen mit dem Kürbisfruchtfleisch grob raspeln. Anschließend Zitronensaft und -abrieb, die Rosinen, Zucker, Zimt und die Nüsse mit hinzufügen.

**3.** Die Strudelteigportionen nacheinander ausrollen und füllen: Dazu den Teig auf einem bemehlten Tuch auswellen, mit den Händen vorsichtig auseinanderziehen und jeweils die Hälfte der Füllung auf den Strudelteigplatten verteilen. Den Schmand jeweils zur Hälfte darübergeben.

**4.** Die Strudelteigplatten aufrollen und jeweils in eine gebutterte Auflaufform legen. Anschließend mit der flüssigen Butter bestreichen und im vorgeheizten Backofen bei 200 °C eine Stunde backen. Mit Schlagsahne oder Vanillesauce servieren.

# Kürbisstrudel süß

Kuchen

**Für den Teig:**

125 g Butter, 250 g Mehl, 1 TL Salz,
2 EL kaltes Wasser

**Für den Belag:**

400 g Kürbispüree
(z. B. Hokkaido, Japan Cup)

4 Eier

200 g Crème fraîche

1 TL Currypulver

1 TL Chilipulver

Salz, Pfeffer

200 g durchwachsener Speck in dünnen Scheiben, davon 100 g in feine Streifen geschnitten

2 EL geröstete Kürbiskerne

**Zubereitung:**

**1.** Das Kürbispüree (am besten am Vortag) zubereiten. (Rezept siehe Seite 68)

**2.** Für den Teig die Butter zerdrücken und zusammen mit Mehl, Salz und Wasser rasch durchkneten und für 30 Minuten kaltstellen. Anschließend in eine mit Backpapier ausgelegte Springform geben. Den Teig mehrmals einstechen und im Backofen bei 180 °C 10 Minuten vorbacken.

**3.** Die Eier schaumig verrühren, Crème fraîche, Gewürze und den fein geschnittenen Speck unterheben.

**4.** Die Masse auf den Teig geben, mit Kürbiskernen bestreuen und im Backofen bei 180 °C 30 Minuten backen.

**5.** Kurz vor Ende der Backzeit die übrigen Speckscheiben für 3–4 Minuten auf die Tarte legen und knusprig werden lassen.

# Kürbistarte mit Speck

Kürbistarte mit Speck

Kuchen

**Für den Mürbeteig:**

200 g Mehl, 100 g Butter, 150 g Emmentaler, gerieben, 30 g Sahne, Salz, Muskat

**Für den Belag:**

1 Zwiebel

1 zerdrückte Knoblauchzehe

2 EL Öl

200 g gemischtes Hackfleisch (Rind /Schwein)

300 g Kürbisfruchtfleisch, grob geraspelt, feste Sorte *(z. B. Buttercup, Delica, Japan Cup)*

1 Tomate, gewürfelt

Salz, Pfeffer

1 EL Oregano

50 g Emmentaler, gerieben

**Für den Guss:**

2 Eier

100 g Crème fraîche

100 g geriebener Emmentaler

1 TL Kräuter der Provence

1 kl. Bund glatte Petersilie

**Zubereitung:**

**1.** Für den Mürbeteig alle angegebenen Zutaten zu einer geschmeidigen Masse verkneten und zugedeckt kaltstellen.

**2.** Zwiebel und Knoblauch in Öl andünsten, Hackfleisch hinzugeben und durchbraten.

**3.** Anschließend die Kürbisraspel und Tomatenwürfel untermengen. Mit Salz, Pfeffer und Oregano würzen und noch 3 Minuten mit durchdünsten. Geriebenen Käse untermengen.

**4.** Masse etwas abkühlen lassen und den Backofen auf 200 °C vorheizen.

**5.** Den Mürbeteig auswellen und in eine gebutterte Gratinform geben. 8 Minuten goldgelb vorbacken und anschließend die Kürbis-Hackfleisch-Mischung darauf verteilen.

**6.** Die Zutaten für den Guss verrühren, auf die Kürbis-Hackfleisch-Mischung gießen und das Ganze weitere 30 Minuten im Backofen backen.

# Kürbiswähe mit Hackfleisch

**Für den Mürbeteig:**

250 g Mehl

1 TL Salz

½ TL Zucker

100 g Kokosfett (wahlweise 100 g Butter)

2 EL Obstessig

3–4 EL eiskaltes Wasser

**Für den Belag:**

2 Eier

150 g Kürbispüree
(am Vortag zubereiten,
Rezept siehe Seite 68,
*vorzugsweise von einer meh-
ligen Sorte wie Hokkaido,
North Georgia)*

150 g brauner Zucker

½ TL Salz

1 TL Zimt

1 Msp. Nelkenpulver

½ TL Ingwer,
klein geschnitten

200 g Sahne

100 g Pekannüsse
(ersatzweise
Cashewkerne)

**Zubereitung:**

**1.** Aus den angege-
benen Zutaten einen
Mürbeteig kneten und
1 Stunde kalt stellen.

**2.** Eine Auflaufform mit dem
Teig auskleiden, den Teig
mehrmals einstechen und 10
Minuten bei 180 °C im Backofen
vorbacken.

**3.** Eier und Zucker schaumig
rühren, alle weiteren Zutaten
unterheben und auf den
vorgebackenen Teig geben.
Für eine Stunde bei 175 °C im
Backofen fertig backen. Mit
den Nüssen bzw. Cashew-
kernen garnieren.

# Traditionelles amerikanisches Pumpkinpie

Kuchen

**Zutaten:**

1 Feigenblattkürbis

Gelierzucker (für 1 kg Fruchtfleisch 1 kg Gelierzucker )

Zimtstange

Mark einer ½ Vanillestange

**Info:**
**Das Fruchtfleisch
vom Feigenblatt-
kürbis ist weiß
und faserig.
Daher hat
die daraus
hergestellte
Konfitüre
ihren Namen.**

**Zubereitung:**

**1.** Den Feigenblattkürbis rundherum einstechen und in einem großen Topf 20 Minuten kochen.

**2.** Den Kürbis abkühlen lassen, halbieren und das Fruchtfleisch vorsichtig in groben Segmenten aus der Schale lösen (geht leicht). Dabei die im Fruchtfleisch verteilten schwarzen Kerne entfernen.

**3.** Das Kürbisfruchtfleisch abwiegen, mit der entsprechenden Menge an Gelierzucker und den Gewürzen vermengen und in einem hohen Topf 4 Minuten lang in sprudelndem Wasser kochen.

**4.** Die heiße Konfitüre in Schraubgläser füllen, Gläser verschließen, stürzen und auskühlen lassen.

# Engelshaarkonfitüre

# Eingemachtes

## Zutaten:

2,5 kg Kürbisfruchtfleisch, gewürfelt, saftige Sorte
*(z. B. Galeux d'Eysines, Gelber oder Roter Zentner, Muscade de Provence)*

750 g Zucker

2 Zimtstangen

5 Nelken

Saft von 4 Zitronen

2 l Weißwein, beliebige Sorte

2 Dosen Ananas à 850 g

## Zubereitung:

**1.** Die Kürbiswürfel zusammen mit Zucker, Zimtstangen, Nelken und Zitronensaft im Wein glasig kochen.

**2.** Die Ananasstücke hinzufügen, das Ganze noch einmal erhitzen und in Schraubgläser füllen. Gläser verschließen, stürzen und auskühlen lassen.

# Kürbis in Weißwein

Kürbis in Weißwein

Eingemachtes

## Zutaten:

1 Ananas

500 g Tomaten

200 g getrocknete Aprikosen

1 kg Kürbisfruchtfleisch,
gewürfelt, saftige Sorte
*(Galeux d'Eysines, Gelber
Zentner, Roter Zentner,
Muscade de Provence)*

500 g Zucker

¼ l Obstessig

2 TL Salz

2 TL Curry

50 g gehackte
Pistazien

## Zubereitung:

**1.** Ananas schälen
und in Stücke schnei-
den. Tomaten überbrühen,
enthäuten, vom Stielansatz
befreien und würfeln. Die
Aprikosen halbieren.

**2.** Die Kürbiswürfel zusammen mit
den Ananasstücken, Tomaten und
Aprikosen in einen großen Topf geben.

**3.** Zucker, Essig, Salz und Curry hinzufügen, das Ganze aufkochen und bei
mittlerer Hitze 1,5 Stunden offen kochen
lassen. Dabei immer wieder umrühren.
Anschließend die Pistazien unterrühren.

**4.** Das heiße Chutney in Schraubgläser füllen, die Gläser verschließen,
stürzen und auskühlen lassen.

# Kürbis-Ananas-Chutney

**Kürbis-Ananas-Chutney**

Eingemachtes

## Zutaten:

500 g Kürbisfruchtfleisch, grob geraspelt, saftige Sorte
*(z. B. Gelber Zentner, Roter Zentner, Muskatkürbis)*

500 g Äpfel, grob geraspelt

Saft und Abrieb von 1 unbehandelten Zitrone

1 kg Gelierzucker

1 Prise Zimt (Menge nach Belieben)

4 ml Calvados (Menge nach Belieben)

## Zubereitung:

**1.** Die Apfel- und Kürbisraspel in einen großen Topf geben.

**2.** Die Zitrone auspressen, dann den Zitronensaft, den Abrieb und den Gelierzucker in die Äpfel-Kürbis-Mischung unterrühren.

**3.** Das Ganze zum Kochen bringen und ca. 4 Minuten sprudelnd kochen lassen (Gelierprobe!).

**4.** Nach Belieben Zimt und Calvados unterrühren.

**5.** In Schraubgläser füllen, dicht verschließen und umgestürzt auskühlen lassen.

# Kürbis-Apfel-Konfitüre

Kürbis-Apfel-Konfitüre

# Eingemachtes

## Zutaten:

60 g Kürbiskerne, geröstet und gesalzen

1 Bd. Basilikum, ohne Stiele

30 g geriebener Parmesan

1 durchgepresste Knoblauchzehe

1 TL Abrieb von
1 unbehandelten Zitrone
nach Belieben

50 ml Kürbiskernöl
oder Olivenöl
(weniger intensiv
im Geschmack)

Salz, Pfeffer

## Zubereitung:

**1.** Die Kürbiskerne und Basilikumblätter fein hacken oder mörsern.

**2.** Die gehackten Kürbiskerne und
Basilikumblätter mit Parmesan, Knoblauch und – je nach Geschmack – Zitro-
nenschale mit dem Öl zu einem Pesto
noch groberer Konsistenz mixen.

**3.** Mit Salz und Pfeffer abschmecken.

# Kürbiskern-Pesto

Eingemachtes

## Zutaten:

500 g Kürbisfruchtfleisch,
saftige Sorte
*(Galeux d'Eysines, Gelber Zentner,
Roter Zentner, Muscade de Provence)*

200 g Kumquats

300 ml Orangensaft,
frisch gepresst

1 kg Gelierzucker

2 EL Orangenlikör

## Zubereitung:

**1.** Das Kürbisfruchtfleisch
raspeln, die Kumquats klein
schneiden und alles zusammen mit
dem Orangensaft im geschlossenen
Topf ca. 15 Minuten kochen.

**2.** Den Gelierzucker hinzugeben und das
Ganze 3 Minuten sprudelnd kochen lassen.

**3.** Den Orangenlikör unterrühren und die
Mischung direkt randvoll in Schraubgläser
füllen. Gläser fest verschließen und umgestürzt abkühlen lassen.

# Kürbis-Orangen-Konfitüre

Eingemachtes

## Zutaten:

¼ l Wasser

½ l Weißweinessig

350 g Zucker

10 Nelken

2 Zimtstangen

2 Ingwerstückchen
à ½ cm

1 kg Kürbis-
fruchtfleisch,
gewürfelt

## Zubereitung:

**1.** Für den Sud Wasser, Essig und Zucker zusammen mit Nelken, Zimtstangen und Ingwer kochen, bis sich der Zucker aufgelöst hat.

**2.** Die Kürbiswürfel portionsweise in den kochenden Sud geben, aufkochen und bei schwacher Hitze zugedeckt ziehen lassen, bis die Kürbiswürfel glasig sind.

**3.** Die Kürbiswürfel mit einer Schaumkelle aus dem Sud nehmen und in ein großes Glas oder einen Steinguttopf füllen. Mit dem heißen Sud übergießen und kühlstellen. Nelke, Ingwer und Zimtstange kommen ebenfalls mit in den Steinguttopf.

**4.** Am nächsten Tag den Sud abgießen, erneut aufkochen und abkühlen lassen. Erst dann wieder über die Kürbiswürfel gießen.

**5.** Steinguttopf oder Glas abdecken und kühl aufbewahren.

# Kürbis süß-sauer

Kürbis süß-sauer

Eingemachtes

## Zutaten:

1 kg gewürfeltes Kürbisfruchtfleisch, saftige Sorte
*(z. B. Galeux d'Eysines, Gelber oder Roter Zentner, Muscade de Provence)*

200 ml Apfelessig

1,5 l Apfelwein

500 g Honig

1 unbehandelte Zitrone

1 Stückchen frischer Ingwer
(ca. 2 cm)

1 Zimtstange

10 Gewürznelken

## Zubereitung:

**1.** Die Kürbiswürfel mit Essig beträufeln und über Nacht durchziehen lassen. Am nächsten Tag Kürbiswürfel abtropfen lassen.

**2.** Den Apfelwein zusammen mit dem Honig aufkochen und 5 Minuten auf kleinerer Hitze köcheln lassen. Das Kürbisfruchtfleisch darin ca. 10 Minuten glasig kochen.

**3.** Die Zitrone in dünne Scheiben schneiden und die Scheiben vierteln. Den Ingwer schälen und ebenfalls in feine Scheiben schneiden.

**4.** Anschließend die Zitronen- und Ingwerscheiben zusammen mit der Zimtstange und den Gewürznelken zum Kürbis geben.

**5.** Das Ganze noch einmal aufkochen lassen und heiß in Schraubgläser füllen. Die Gläser sofort verschließen, stürzen und abkühlen lassen.

# Kürbis süß-sauer mit Apfelwein und Honig

**Kürbis süß-sauer mit Apfelwein und Honig**

Eingemachtes

## Zutaten:

500 g Kürbisfruchtfleisch, saftige Sorte
*(Galeux d'Eysines, Gelber Zentner, Roter Zentner, Muscade de Provence)*

500 g Zucchini

1/4 l Weißwein- oder Obstessig

1 kg Gelierzucker

1 kl. Stück Ingwer (2 cm)

10 Nelken

2 Zimtstangen

## Zubereitung:

**1.** Kürbisfruchtfleisch und Zucchini in feine Streifen schneiden, mit Essig und Wasser übergießen und 24 Stunden durchziehen lassen.

**2.** Gelierzucker und Gewürze hinzufügen und alles zusammen einige Minuten sprudelnd kochen, bis die Kürbis- und Zucchinistreifen weich sind.

**3.** In Schraubgläser füllen, fest verschließen und umgestürzt auskühlen lassen.

# Kürbis-Zucchini-Relish

Kürbis-Zucchini-Relish

Eingemachtes

### Zutaten:

2 kg Zucchini

1 kg rote und gelbe Paprika

500 g Zwiebeln

### Für den Sud:

Saft von 2 Zitronen

1 Flasche „Gurkenmeister"

1 l Wasser

½ l Apfelsaft

200 g Zucker

2 TL Salz

2 TL Currypulver

1 EL Senfkörner

### Zubereitung:

**1.** Aus den angegebenen Zutaten den Sud kochen.

**2.** Die Zucchini, Paprika und Zwiebeln klein würfeln, in den Sud geben und 5 Minuten darin kochen lassen.

**3.** Alles zusammen heiß in Schraubgläser füllen, fest verschließen und auskühlen lassen.

## Zucchini-Mixed-Pickles

Zucchini-Mixed-Pickles

# Eingemachtes

# Rezeptverzeichnis alphabetisch

LV·Buch im Landwirtschaftsverlag GmbH, 48084 Münster
© Landwirtschaftsverlag GmbH, Münster-Hiltrup, 2009

| | |
|---|---|
| Fotos: | Allgemeines: Walburga Loock |
| | Rezepte: Christian Brinkrolf, Münster |
| Lektorat: | Sabine Deing-Westphal, Rhede |
| Gestaltung: | KreaTec – Grafik, Konzeption und Datenmanagement im Landwirtschaftsverlag GmbH, Münster |
| Druck: | LV-Druck GmbH & Co. KG, Münster |

ISBN 978-3-7843-5043-1